オンライン学習・授業のデザインと実践

［著・監修］赤堀侃司

Jam House

はじめに

　この原稿を書いているのは、2020年7月下旬です。オンライン学習・授業は、新型コロナウイルスパンデミックによって、日本中の学校に休校措置が要請されて、その休校措置を補償する授業形式として、双方向のオンライン遠隔教育として登場したと思われていますが、歴史はもっと古く、かなり前からありました。オンライン英会話学習や衛星通信を用いた遠隔授業、社会人を対象にした遠隔教育システムなどがその典型ですが、その他にオンデマンド型のMOOC（大規模公開オンライン講座）もその1つと考えてよいと思います。

　問題は、これから先にオンライン学習・授業は、どう展開するのだろうか、ということです。現在は通常授業に戻ったので、すでに問題は解決されたのではないか、という声もあります。しかし、本当にそうでしょうか?

　私はつい最近、私が評議員を勤めている地元の中学校に行きました。その時の授業参観で、少し衝撃を受けました。先生方がマスクを着けるのは当然ながら、フェースシールドをして授業をされている先生もいました。生徒は当たり前のように、全員がマスクを着けたままです。教室の後ろには、social distanceをとること、大声を出さないこと、うがいをすること、など張り紙があります。グループ活動が難しく、小声で話し合い、音楽の授業でもマスクをしたまま発声をし、実験や実習はグループで密になることから中止して座学に切り替え、体育ではマスクは外しても距離をとって運動する、など、これまでの学校教育の目指してきた活動のほとんどができない状況にあるのです。どこか地球以外の星に行ったような、SFの世界を見るような光景なのです。

　教室やトイレの掃除は、最も感染しやすい場所であることから、生徒ではなく先生方がやっています。給食は密になることと感染しやすいので、パンと牛乳だけと聞きましたから、私たちの知らない遠い昔の戦後すぐのような印象を受けました。それでも、先生方も生徒たちも、この悪条件の中で、できるかぎりの努力をして授業を続けています。新型コロナウイルスとの戦いは、まだ終わっていないのです。

　これから先も、ウイルスだけでなく、大地震や台風などの自然災害が、

私たちの予想を超えて、襲いかかってくる可能性があります。どのように対応すればいいのでしょうか?

　それは、非日常ではなく、日常として大災害に対応する準備をしておくことです。このことは、日本だけでなく世界中の課題になっているので、SDGs(持続可能な開発目標)が掲げられ、協力しながら解決しようということになったのです。直接に子供たちに話をしたり指導したりすることができるのは、先生方だけです。それ以外の大人ができることは、先生方や子供たちが授業をしやすいように、環境を整えて、応援することです。学校の応援団として、役立つことです。

　それは、休校措置の要請が出た時、文部科学省や経済産業省などが、いち早く「子供の学びを止めない」をキャッチフレーズにして、企業も含めて教育関係者を巻き込んだことで、官民が一体となって応援体制ができたことでも、分かると思います。

　本書を刊行するにあたって、私にも様々なドラマがありました。個人的ですが、休校中に家族のオンライン授業を、私が小学校の先生になって行いました。心温まる楽しい思い出です。あるプロジェクトに加わって、中高生との遠隔の会議に参加して、先生方や生徒たちの生の声を聞きました。日本経済新聞社や読売新聞社から、オンライン学習について依頼原稿や取材を受けて、オンラインで何時間も話し、掲載されました。そして、本書を刊行することになりました。

　(株)ジャムハウスの池田利夫さんから依頼を受けた時、無理だと思いながらも、これまでの流れから考えると、あるストーリーができて必然の出版かもしれないと思いました。そのようなチャンスを与えていただいた出版社の皆様、そして貴重な実践の原稿を書いていただいた先生方、それを支えていただいた数多くの皆様に、厚くお礼申し上げます。

2020年7月下旬

赤堀侃司

第 1 章

オンライン学習の意義とデザイン

［赤堀侃司］

第1節 オンライン学習とは何か

第2節 オンライン学習の実態調査

第3節 オンライン学習の授業デザイン

第4節 今後の展開

※本章で、オンライン学習の表記は、
オンライン学習・授業の意味で用いています。

オンライン学習とは何か

1. 予期せぬ出来事

　新型コロナウイルスパンデミックが起きて、世界中の膨大な数の子供たちは休校措置のために、家庭での学習を余儀なくされました。それは、文字通り思いがけないほど急速な措置でした。国や自治体の為政者は、国民の命を守るという重い使命を背負っていますので、英知を絞って各国で多くの取り組みが行われました。その使命は人命という何にも代えがたいきわめて重いものでしたから、休校措置であっても感染防止のために従うことになりました。

　しかし考えてみると、これはきわめて大きな負担を、子供たちにも家庭にも背負わせたのです。これまで小学生の先生は、お昼休みになると校庭に出てしっかりと運動しましょう、授業の合間の時間が、例え10分であっても、外に出て体を動かしましょう、と声をかけてきたからです。

　「Stay Home」とは、その真逆の方法なのですから、子供の発達や学習から見れば耐え難い要請なのです。ある意味、家の中に引きこもるように、と奨励しているような響きがあります。しかし人命という重みによって、きわめて高価な代償を払って休校という要請を受け入れました。それは、何をもたらしたのでしょうか。そこに意味はあったのでしょうか。

　これから先に、どのような学習形態が出てくるかわかりませんが、このコロナ禍における休校措置において、まるで突如海底から浮上してきた浮き輪のように、オンライン学習が全世界の教育の姿として、登場してきました。それは、世界中の子供を巻き込む大規模教育実験とも呼びたいような現象を引き起こしました。この現象は、一過性のものなのか、今後の教育における大きな一歩になるのか、わかりません。しかし本書では、このオンライン学習の基本を知り、理解し、実践することで、オンライン学習の有効な活用を示したいと思います。

　その前に、これから未来をどう切り開いていくか、という私たちの意識の変化、日常的な言葉で言えば、私たちの覚悟が求められていることを、述べなければなりません。朝の街に出てみれば、通学している子供たちの姿を見ることができます。子供たちは屈託がなく、コロナ禍も関係ないようです。友達と会うのが嬉しくて笑顔で話をしながら、通学している光景を見ると、いつまでも続いてほしいと願わずにはおれません。

しかし、それは願いであって、現実にそれが継続できるかどうか保証できないことは、誰でも直感的に感じています。それは、2011年の3.11のような未曽有の大震災、毎年のように到来する台風による大災害、そして今回の世界中を巻き込んだコロナ感染症の大流行など、人の世は、どうにもならないことが起

きて当然かもしれない、と思うようになりました。慣れたとは言え、夏の暑さは尋常ではなく、降雪の少なさには、北陸の雪国という言葉は死語になったのか、など異常気象にどこか不安が起きてきます。それは世界規模なので、世界中が協力してSDGs（持続可能な開発目標）を達成しようとする運動が起きたのです（図1を参照）。

[図1] SDGｓの目標
https://www.mofa.go
.jp/mofaj/gaiko/oda/
sdgs/index.html

　とすれば、未来にどう向かえばよいのか、地震学や気象学や感染症などの専門家による未来予測を知りたいと思うかもしれませんが、例えそれを知ったとしても、どう対応したらいいかは、私たちへの厳しい問いなのです。どうにもならないこと、それは予期せぬ出来事ですが、教育にもその出来事が起きてくることは不思議ではありません。

　教育だけが例外ではないからです。現実に9月入学まで議論されたことや、運動会や学芸会の中止は言うに及ばず、学校の常識がことごとく覆されたのです。教室に密に隣り合って座ってはいけない、実験は中止の方向、大勢の子供たちの集合は避ける、グループ学習を導入しない、などすべて学校の目指してきた活動が自粛されています。学校のこれまでの常識が通用しなくなったとも言えます。それは、一から出直す、とも言えます。永い年月をかけて積み上げてきた学校教育を一から出直すとは、どのような意味でしょうか、それは可能なのでしょうか。

　つかの間の自粛なら、問題ありません。問題は、先が見通せない、未来が見えない、どう道を作ればいいのか、地図を持たないで見知らぬ街を彷徨するような状況なのです。繰り返しますが、本当に40人クラスで、グループ活動をして、給食が始まり、運動会ができる、という保証はあるのでしょうか。人の手の届かないところ、どうにもならない出来事、などはやはり有り得ると考えなければなりません、というよりも、その方が自然だと考えられます。つまり先に示した、私たちに、ある覚悟が求められているのです。

[図2] ２つの教室の風景

2. 学校の存在とは

　図2を見てください。左図は、子供たちが活動しています。右図は教室だけの風景です。当たり前ですが、子供たちがいて、教室は生きています。教室だけでは学校ではありません。

　コロナ禍の最中に学校を見ると死んでいるという形容が合っています。夜になったらたぶん怖い建物になるでしょう。子供たちが学校を生き返らせる、それは企業と異なるところです。例えば、銀行などは在宅勤務でもパソコンの前で仕事を継続できますが、学校は子供がいて先生がいて、機能します。それは企業の営業活動に似ていますが、営業活動とも違うことは、オンラインでもできるという点です。

　現実に人に会って仕事をする、例えば、理髪などはそこに行かなければ不可能ですし、レストランはそこに行かなければ美味しい食事をすることができません、つまり人に会ってモノを提供する営業活動は、実際に会うことが前提になります。しかし学校は、モノではなく、情報を提供すると考えると、確かにオンラインでもできることになります。しかし、先の銀行とも異なることは、単なる情報を売ってはいない、提供しているのではない、ということです。

　それが、図2の示している意味です。そこに子供たちがいること、存在していること、それが学校の本質ではないか、と考えられます。子供たち同士、先生と子供たち、が話をする、情報交換をする、議論をする、それが学校の存在意義と言えるのです。それは、コミュニケーションと言ってもよし、お互いが自分を表現し合っている、人同士がつながっている、連携している、考えを共有しているとも言えます。したがって、人がつながっていないと意味がないのです。

　突然ですが、「プレゼンス」という考えは魅力的で、20年以上も昔、フィン

ランドのタンペレ大学で開かれた国際会議でその発表を聞きました [注1]。プレゼンスとは「存在」という意味ですから、そこに存在していること自身に価値があるという考え方です。例えば、家庭での学習ですが、個室で勉強する子供と居間で勉強する子供の成績を比較した報告があります。

ただし、これは学術的な研究ではありませんが、一般的な傾向として、居間で勉強する子供の方が、成績が良かったという結果でした。私は、大学院の学生達とプレゼンス研究を行いましたが、この結果は研究からも支持できると思います [注2]。この場合は小学生だったので、居間にはお母さんや兄弟などもいて、側に誰かがいることが多いのです。そのお母さんや兄弟がそこにいること、その存在が小学生の学習効果を高めた、という結果なのです。

存在すること、それは目には見えなくても、子供にメッセージを送っているのです。確かなメッセージなのです。例えば、教室で子供たちが授業を受けている時、誰かが急に大きな声で歌いだしたら、びっくりするでしょう。そんなことは通常はないのですが、それはそのクラスの周囲の子供たちが存在しているからです。目には見えませんが、急に歌ってはいけません、というメッセージを送っているからです。声に出して言わなくても、子供の存在そのものが語っているからです。

先の家庭学習の話に戻りましょう。子供の側にお母さんや兄弟がいて、見守っています。その存在が子供にやる気を起こし、勉強へと向かわせている、と考えてもおかしくはありません。学校では、多くの子供たちや先生方がいます。その存在そのものが、学習に向かわせる力になっているのです。とすれば、学校があるということ、それは建物があることではなく、人の存在そのものが重要だということになります。

図2は、その違いを示しています。したがって、子供や先生のいない学校は、死んだ建物にしか過ぎない、と書いたのです。学校は、モノを売る営業活動とも違うし、銀行などの情報をサービスする仕事とも違うと書きました。その理由は、先生や友達などの存在そのものにあるからです。存在することは、見えないメッセージを送って人同士がつながっていることを意味しています。

しかし、アフターコロナでは、家庭におけるオンライン学習が、学校における対面型の授業と併用される、ブレンドされる、共存することになる可能性が高いのです。それは、先に述べたように、これから先は誰も見通せない、予測がつかない、どうにもならない出来事が起きるかもしれないからです。では、家庭におけるオンライン学習は、どうしたら効果的なのでしょうか。学校は、人が存在してつながっていることに意味があると書きましたが、オンライン学習では先生や友達は側にいません。どうしたらいいでしょうか。

[注1]
Jennifer C. Richardson, Karen Swan (2003), Examining Social Presence in Online Courses in Relation to Students' Perceived Learning and Satisfaction, Online Learning, Vol.7 (Journal of Online Learning Consortium)

[注2]
佐藤弘毅,赤堀侃司(2006),電子化黒板に共有された情報への視線集中が受講者の存在感および学習の情意面に与える影響,日本教育工学会論文誌,29(4) 501－513

3. つながること

　学校の役割と存在意義が、先生や友達がいること、存在していることにあると述べました。ただし、その存在は光っていなければなりません。テレビで見るタレントは才能があるから文字通りタレントであり、何か引き付けるものがあるから、番組に起用されるはずです。世俗的には、あの役者は花がある、などと言うようですが、そこに居るだけで何か他人を引き付ける、文字通り存在感があるわけです。

　プレゼンス理論でも、プレゼンスが高いとは、池にさざ波が立っていて、ひときわ高い波が起きると、そこに注目する、つまり際立つなどの意味で用いられています。元々プレゼンスの概念は、コミュニケーション研究から生まれました。コミュニケーションは、情報を伝達し、相手がどのように情報を受け止めるか、それがうまくいくには何か引き付ける魅力が必要だという考え方です。

　Teaching Presenceは、教師が授業をする時、話す教材の内容もさることながら、教師自身の語り口、ジェスチャー、身振り手振りなどが、聞く人の気持ちを呼び起こす要素になるという考え方です。先に述べたように、側に母親や兄弟がいるだけで、家庭における学習効果が高くなること、あるいは、周囲にクラスメートがいるだけで学習効果があることは、見えないメッセージを発しているからだという考え方は、Social Presenceと呼ばれます。

　すぐに予想されるように、Teaching Presenceが高い効果を出すには、教師自身の存在が光っていなければなりませんし、Social Presenceでは、周囲にいるクラスメートや母親自身が光っていること、それは好意を持って見ていること、肯定的に見ていることです。そのような存在が必要なのです。教師が教壇に立って授業をする時、教室の子供たちを見て、このできの悪い子供たちに教えても無理だ、と考えていたら、それは見えないけれども、そのメッセージを子供たちに伝えているのですから、うまくいくはずはありません。

　つまり存在が光っているのではなく、曇っているのです。同じように、テレビタレントが、この番組で話しても無理だから早く終わればいい、などと考えていたら視聴者を引き付けるはずはありません。人と人が引き付け、引き付けられていること、つながっていることが、プラスの効果を生み出すという考え方なのです。

　オンライン学習の話に戻りましょう。対面ではない学習で、そのプレゼンスは効果をもたらすのか、という問いです。これは、テレビタレントの例ですぐに理解できると思います。存在感の高いタレントは、それがテレビという媒体を通しても、人を引き付けます。予備校の人気講師は、遠隔講義でも高校生が夢中で勉強すると言います。教室での対面授業以上の場合もあると

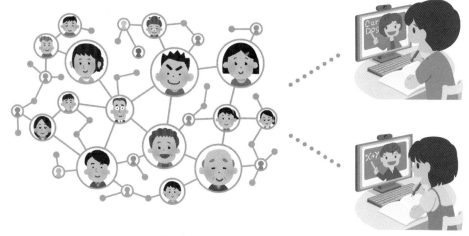

[図3] オンライン学習のつながり

聞きました。

　私がフィンランドのタンペレ大学で聞いた発表も、研究の中心はそこにありました。プレゼンスは、果たしてメディアに依存するのだろうか、という研究だったのです。テレビやインターネットなどの媒体を通して学習する場合と、対面でリアルに学習する場合で、学習効果は異なるのか、という課題意識でした。当時、大学などではe-learningつまり今日のオンライン学習が実用化されていたのですが、多くの課題がありました。果たして教師の講義は、受講生に伝わっているのか、講義の効果の差は、どこから生じるのか、などの課題があったのです。対面に勝ることはないという回答は、常識的には分かりますが、それでは研究になりませんし、本当にそうだとも断言できません。

　その研究では、メディアを介した形式が対面よりも劣るとは、必ずしも言えないという結果でしたが、それにはいくつかの要因が複雑に関わっています。本書では詳細を省きますが、このプレゼンス理論が今日のオンライン学習に深く関わることは、理解されると思います。

　プレゼンス理論は、元々はコミュニケーション研究から出発したと書きました。存在感の高い人は、メディアに関わらず人に伝わる、ということは、経験的にも分かります。しかし、それはテレビのような映像があるからで、ラジオでは無理だろうと常識的には予想されますが、実際はどうでしょうか。研究しなければ答えは出ません。

　学校の存在理由は、子供や先生が存在するからで、そうでなければただの箱、建物だと書きました。では、オンラインではどうでしょうか。オンラインであっても、メディアによる差はあっても、その差は多くの要因が関わっていますが、やはり子供や先生の存在が重要であり、そのプレゼンスを高めるために、Teaching PresenceやSocial Presenceを紹介しました。つまり学

校という対面授業であっても、オンラインというメディアを介した授業や学習であっても、人々の存在が重要であり、それ無くしては、対面もオンラインも機能しないということです。

　図3に、オンライン学習のイメージを示します。オンライン学習では、人と人がつながることが最も大切なのです。情報を伝えるだけならば、インターネットで調べれば済むことですが、オンライン学習では、人々がそこに関わっていることが前提になります。

　オンライン学習をしていた高校生が、ともかく友達と話したかった、それだけで癒やされた、元気が出てきた、先生からメールをもらっただけで前に進めた、と述懐していました。教材や学習内容はその後です。まず先にすべきは、オンラインで人がつながることです。人と人が引き付け、引き付けられという関係です。人がつながれば、学習に取り組むことができるのです。図3は、そのつながるイメージを描いています。

4.　自由を生かすには

　私はコロナ禍の中で、学校はこんなにも美しい環境であったということに気が付きました。学校には、時間割があって、掃除があって、給食があって、運動場があって、図書館があって、体育館があって、花壇があって、飼育小屋があって、校則もあってなどと考えると、すべてが美しさに囲まれているようです。ほとんどの学校は、校庭に桜の木を植えています。学校の象徴のような木ですが、誰も満開の桜を見て怒る人はいないし、きれいだという声だけが聞こえるはずです。授業の始めと終わりに、起立・礼の言葉にしたがって、椅子から立ち上がる、座る、という行動もどこか美しさがある、というと、反対の意見を持つ人もいると思いますが、だらけた姿よりもきちんとした方が、美しさを感じます。整理整頓や掃除もまた、美しさを求める日本の学校文化と言えます。

　したがって、諸外国から日本の教育が見直され、輸入したいという声が高くなっているのです。日本は古来、清潔であり教養を重んじ、などと言われていますが、このことを私たちはもっと高く評価していいと思っています。コロナ禍の中で日本の感染者数や死者数がきわめて少なかったのは、靴を脱いで家に上がる、常に清潔に保つ、などの習慣があったからだと分析する説もあるようですが、それは見方を変えれば、日本流の美しさを求めていたとも言えます。学校では、それを授業や行事や掃除や校則などを通して、子供たちに伝えているのです。

　家庭はどうでしょうか。生活の場ですから、家庭の方針によって異なりますが、学校よりも緩い規則でできています。勉強部屋がある子供は、オンライン学習では、別の部屋に行っても、内職（学習以外のこと）をしても、コー

[図4]家庭と学校の教室のイメージ

ヒーを飲んでも、誰も注意をしません。自由なのです。自由な世界で暮らすとなかなか元に戻れないのですが、自由を求めるのが人間の本性です。

　しかし、オンライン学習は、校則で縛られる学校よりも良いと手放しで褒める人は、あまり多くないでしょう。それは、先の美しさに関係しているのです。自由だから怠けてしまう、注意されないから好きなゲームをしてしまう、それならいっそ規則で縛られたほうが楽ではないか、と思う人もいるかもしれませんが、もう1つの心は、それでは情けないと思って、自己嫌悪になる子供がいるかもしれません。

　これは推測ではなく、オンラインで学習する子供たちは、そのように心の中で葛藤しています。ある高校生は、受験を控えてなんとか机に向かいたいが、どうしても安易な方向に向いてしまう、もっと自分を高めるにはどうしたらいいだろうか、と模索していました。

　自由はほしい、しかし怠ける自分が情けない、という相反する気持ちがあって戸惑う子供たちも多いと思います。これは奥深い問題ですが、しかし心の奥では、誰でもそれを克服する自分でありたいと願っているはずです。そのほうが自分の価値が高くなる、と思うからです。学校は美しい環境に囲まれていると書きましたが、美しい環境にいる方が、自分を高い価値に置きやすいのです。

　きれいにしている公園には、汚さない人が多く、汚れた駅のプラットホームには、平気でゴミを捨てる人が多いことは、ほとんどの人が経験していると思います。学校は永い年月をかけた経験によって、美しい環境を作り上げてきたのです。そこでは、先のプレゼンス理論を拡張すれば、無言できれいにしようというメッセージを送っているのかもしれません。かくして、自由を生かすには、自分の周囲も学校のように美しく保つことが必要で、それが効果をもたらすと言えます。

　オンライン学習の時間割を作る、掃除の時間を決める、図書館の代わり

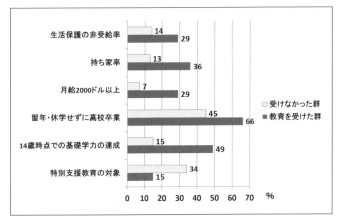

[図5]「ペリー就学前プロジェクト」研究の結果

にインターネットで調べる活動を予定する、昼食などの時間を決める、運動をする時間を決める、家族と団欒する時間を決める、テレビを見る時間を決める、友達とメールをする時間を決めるなど、学校と同じような生活スタイルを維持することです。きれいな駅ではゴミを出さないように、自宅でも周りを整理整頓することで、自分を高め自己嫌悪しないで済みます。

　家庭という生活の場を、学校と同じように学習する場に変換するのです。その考えは、環境から変えるということです。気持ちを切り替えることです。実は、それは素晴らしい経験なのです。子供たちは、これから先どのような人生を歩むか分かりませんが、自分の価値を高めることができれば、それは将来に生きてきます。

　図4の左図は家庭、右図は学校の教室のイメージですが、家庭のイラストはリラックスして自由が詰まっています。学校はどこか縛られているような印象を受けますが、学習を効果的にするには、左図から右図に自分の意思で移動させることが、オンライン学習では必要になるのです。

5. GRITとは

　アメリカの経済学者Heckman教授は、就学前の幼児教育の経験が、その後の40歳における人生の成功者になるかどうかに、大きく寄与していることを証明した「ペリー就学前プロジェクト」の研究で、2000年のノーベル経済学賞を受賞したことで知られています。ペリーとはアメリカのミシガン州の地名ですが、そのペリー地区で実験を行いました。貧民の多い地区ですが、就学前の3〜4歳の子供たち123名を対象にして、日本の幼稚園のような教育を半数の子供たちに2年間実施し、他の半数の子供たちはそのまま放置して、その子供たちの学校での成績や卒業後の職業や生活状況を追跡調査したのです。

　中年になった40歳の時の調査結果は、驚くべき結果でした。その前に、この研究の長さに驚かされます。このような分野は教育経済学と呼ばれますが、Heckman教授の研究は、この分野のトップの研究成果と言われています。

　図5が、その結果ですが、教育を受けた群と受けなかった群との比較です。40歳において、すべての項目で大きな差を示しています。教育の項目で

は、特別支援教育の対象・14歳での学業成績・高校卒業者の割合、経済の項目では、月給2000ドル以上・持ち家率・生活保護の非受給率などで、図5のように大きな差が出ています。図では省略していますが、子供がいる男性の割合・家庭生活が良い割合などにおいても、大きな差が出ているのです。このように、3〜4歳に受けた教育の有無によって、その後の40歳において、教育・経済・生活のすべての面におい

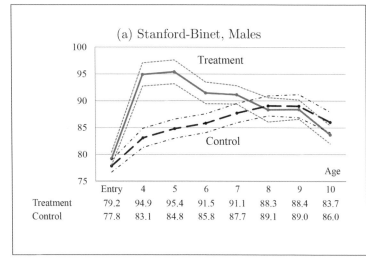

[図6]学齢期における知能テストの比較

	Entry	4	5	6	7	8	9	10
Treatment	79.2	94.9	95.4	91.5	91.1	88.3	88.4	83.7
Control	77.8	83.1	84.8	85.8	87.7	89.1	89.0	86.0

James J. Heckman, Rodrigo Pinto, and Peter A. Savelyev, Understanding the Mechanisms through Which an Influential Early Childhood Program Boosted Adult Outcomes, NBER Working Paper No. 18581,November 2012

て大きな差が生じたことは、衝撃的な結果だったのです。

　今日風の言葉でいうと、勝ち組・負け組のような結果が、幼児期の教育によって生み出されているのです。この結果が何故注目されるかというと、学校生活における知能レベルつまり学習の達成度について調査すると、学年が上がるにつれて、教育を受けた群と受けなかった群の間に大きな差は見られなくなったということです。それを、図6に示します。日本語に変換することが困難なので、原図をそのまま掲載しています。

　図6で、Treatmentは教育を受けた群で、Controlは受けなかった群です。Stanford-BinetはIQの知能テストです。教育を受けた群は4歳では受けなかった群に比べて差が大きいですが、10歳になるとほぼ同じ数値になったことから、40歳における成功の原因は、IQつまり知能ではないと考えたのです。Heckmanは、幼児教育で受けた教育効果は、学習ではなく学習以外にあると考えて、それを非認知能力と呼んだのです。認知とは理解するということなので、自分の名前や年齢も忘れると認知症と呼ばれますが、非認知とは認知以外、つまり感性的な能力のことを言います。それを、具体的項目にした代表がGRITと呼ばれていますが、次の通りです。

GRIT

Guts（度胸）：困難なことに立ち向かう能力

Resilience（復元力）：失敗しても諦めずに続ける力

Initiative（自発性）：自分で目標を見つける力

Tenacity（執念）：最後までやり遂げる力

アメリカの心理学者ダックワース教授による提案ですが、主張したいこと
は分かると思います。非認知能力とその具体的なスキルであるGRITが、現
在世界的に広がっています。

　このGRITを本書で引用した理由は、オンライン学習にはGRITのような、
やり抜く力、頑張る力が必要になるからです。先に書いたように、オンライン
学習を持続するには、どうしても自由と戦い、価値ある自分にするための
葛藤があるからです。その原動力は非認知能力であり、GRITだからです。

　私が心配するのは、オンライン学習における認知的学力と精神的社会的
な非認知的スキルの格差です。コロナ禍における時期において、置いてきぼ
りになった子供、家庭が見守った子供、教員がオンラインでケアした子供、
友達同士でコミュニケーションした子供などによって、大きな差が出てくると
予想されます。オンラインは手段です。それを生かすも殺すも人であり、そこ
に学校の存在価値があります。

　Heckman の40年以上にわたる研究で実証したように、ペリー地区で置
いてきぼりになった子供たちは、40年後には人生の敗北者になる割合が高
かったのです。同じ事が起きる可能性が、今日でもあります。Heckmanの
研究は、幼児期だけでなく学齢期におけるオンライン学習においても、当て
はまると考えられるからです。

　オンライン学習は、これから学校中心の教育と併用するだろうと書きまし
た。オンライン学習は、子供自身が自律して自己を高めていくことが求めら
れる教育です。それは、非認知能力を身に付けることが必要であり、同時に
それは将来において生きて働く力になります。暗記した知識は忘れますが、
非認知能力は40年経っても生きている力だからです。その意味で、オンライ
ン学習は将来に役立つスキルを身に付ける絶好のチャンスと言えます。

6.　いつでもどこでも学習するには

　オンライン学習は、コロナ禍の中で始まったわけではありません。多くは、
大学生や企業人のために開発された学習システムであるe-learningがその元
です。例えば、ある会社に勤めている人を想定します。その会社は化学系の
会社で、その人が別の勤務部署に異動することになったのですが、どうして
も危険物処理などの知識が必要になったとします。そして上司からは、でき
れば危険物取り扱いの国家試験を受けて資格を取ってもらいたいと要請され
たとします。しかし勤務時間中に仕事を止めて国家試験のための受験勉強
だけをするのは難しいとしたら、自宅に帰ってからか、勤務の休み時間など
を活用するしか方法はありません。

　e-learningは、そのような要求から生まれました。欧米諸国の企業などで
昇進するには、資格が必要です。高校卒業資格、学部の学士、大学院の修

士や博士などの資格によって、仕事の質も給料も異なります。日本はそれほどの資格社会ではありませんが、海外では企業でも官庁でも博士号を持っている人は珍しくありません。博士号は研究者になるための資格のように思いますが、海外では研究能力だけでなく博士という能力を重視していると言われています。

　現在では、海外に限らず日本でも、修士や博士の資格は、企業や官庁や学校などに勤務しながら取得することができます。それが社会人入学制度です。博士課程などは、社会人のほうが多いのが現状ですから、どのように学習するかは、e-learningも使いますが、それだけではありません。

　すべての情報通信技術（ICT）を使うのです。大学の指導教員から課題が出される、そのレポートはどのように提出するのか、手渡しでというわけにはいきません。東京に大学があっても社会人である学生は九州にいるかもしれないので、郵送もできるかもしれませんが、忙しい現代においてとても間に合いません。メールの添付ファイルなら即時に届きます。メールも便利ですが、どこかに指導教員と学生が共有して課題やレポートが見られる、書き込める、編集できる、コメントが書けるなどの機能のあるシステムがあれば便利です。当然ながら、現在では現実にそのようなICTのサービスが提供されています。共通に読み書きできる電子掲示板だと思えばいいのです。

　問題があるとすれば、指導教員と学生だけが対面で個別指導する場合は、その内容は外に漏れることはありませんが、電子掲示板の場合はどうでしょうか。外部の誰かが、その電子掲示板に侵入してきたら、研究内容を盗み聞きしていたら、それをどこかに転送していたらと思うことは、不思議ではありません。最先端の研究では、アイデアが中心でそれを思い付けば、研究の半分は終わったとも言われます。

　したがって、外部の侵入者を防ぐ安心な部屋が必要なわけで、それでセキュリティが厳しく問われることになります。しかし、世の中には高度なICTスキルを持っていて、セキュリティを壊して侵入することを生きがいにしているような人がいて、一般のICT利用者ではとても太刀打ちできません。こちらも専門家に任せるしか方法はないのです。それが、クラウドと言えます。

　クラウドというどこにあるのか雲を掴むような仕組みですが、どこにあろうと、信頼できて情報を安心して預けられる仕組みがあれば、ICT利用者としては十分です。クラウドであれば、東京にいる指導教員も九州にいる社会人学生も、同じ資料やレポートやノートや黒板を共有して、いつでもどこでも対話できるのです。

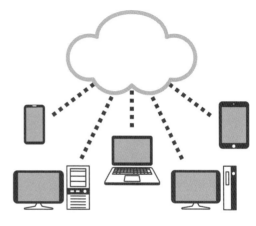

[図7]クラウドの模式図

図7にクラウドの模式図を示しますが、いつでもどこでもどのような機種でも、読み書きできる共通のプラットフォームのイメージは分かると思います。先のe-learningも指導教員と学生が共有できる仕組みがあって、実現できる学習システムなのです。したがって、オンライン学習も同じでクラウド活用が前提になるのです。

7. アカウントが第一歩

アカウントはよく知られているように、先に述べたICTのサービスを受ける権利のようなものですが、オンライン学習を始めるには子供たちがアカウントを持っていなければ始まりません。現金をタンスにしまって必要な時に出して、現金書留で送る方法は今ではほとんど見かけないですが、それは銀行がそのサービスをやってくれるからです。ATMが街のあちこちにあるので、カードを持っていけば機械が銀行員の代理をしてくれますが、これもサービスなのでそれを受けるには、アカウントつまり口座を持っていなければなりません。ATMを利用するには当然ながら自分だけが知っているパスワードを設定しなければなりません。これは社会生活を送る上で必須のことですが、学校にはあまり馴染まない仕組みなのです。

そもそもお金を出し入れすることは学校とは無関係でしたので、そのような活動はほとんどありませんでした。しかしオンライン学習では、銀行口座に似たICTのサービスを受けるための会員登録であるアカウントとパスワードが必須です。子供たち一人一人に必要になります。

先に述べたように、オンライン学習を行うには、子供に自立することが要請されます。学校のように声をかけてくれないし、怠けていても注意もしてくれないような、自由という恩恵に対して自己責任という代償を支払う仕組みです。その最初の証しが、このアカウントとパスワードで、自分で管理しなければなりません。つまり社会へ踏み出していくのです。子供にも、ある種の覚悟が必要になってきます。

県内のすべての高等学校に在籍するすべての高校生に、アカウントを発行してオンライン学習を始めた県がありました。それは、県教育委員会にも高校生にも、ある覚悟を求めたと言ってもよいのです。この意味でオンライン学習には、正しく情報にアクセスし正しく情報を処理し、正しく情報を発信するという情報活用能力、情報モラルが求められます。

図8は、端末からインターネットに繋がっているイメージ図ですが、インターネットの世界は学校とは違います。先生も教科書も校則もない混沌とした世界で、溢れる情報はあっても正しいとは限らず、出会い系サイトやなりすましや悪徳商品を売りつけるサイトもあるようなカオスの世界なのです。

学校の世界は、先に書いたように美しさで囲まれた環境の中にいます。他

人には親切を、思いやりを、優しさを、という世界ですが、インターネットの世界は、人を見たら泥棒と思え、のような世界でもあります。だから、これまで学校は社会とつながることを避けていました。

しかし、オンライン学習はその壁を突き抜けようとしているのです。アカウントやパスワードはその第一歩ですが、パスワードを盗まれたら子供であっても大変な事態になることは言うまでもありません。だから、ある種の覚悟が必要だと書きました。武士の子供の元服式は、武士としての誇りと覚悟を教えてきたのですが、アカウントとパスワードの設定はその儀式のようなものなのです。

[図8] 端末とインターネットのイメージ

オンライン学習を始めるには、すべての子供にこの元服式が必要で、その意味と覚悟をしっかりと子供たちに伝える必要があります。

8.　孤独を乗り切るには

先にオンライン学習は、e-learningが元になっていると書きました。企業人が自宅で勉強する姿を想像してください。疲れて帰宅して、さらに勉強することがいかに困難であるかは、経験しなくても分かります。自宅での夕食くらいゆったりと家族で過ごして身を休めたい、と思うのは人情です。それでも仕事となれば、会社の要求であれば、仕方ありません。コロナ禍における自粛要請のようなもので、無理にでも机に向かわなければなりません。

その原動力は、仕事とか会社の要求という自分の意志を超えたところにあるので、自発的に自主的にというスタイルではありません。オンライン学習でも半分は同じ状況で半分は異なります。宿題や課題などは仕事や上司の要求と同じですが、成績を向上させたいとかより高いレベルの進学を目指すなどは、自主的な動機でしょう。

上記の事情から、e-learningの最大の課題はドロップアウト率の高さでした。企業人が最終的な目標に達する割合や大学生がe-learningで単位を取得したり卒業したりする割合は、一般的には50%以下です。30%程度と言ってもおかしくない数字なのです。

だからオンライン学習を持続することは、相当に厳しいと言わねばなりません。高等学校の卒業率が50%以下だとしたら、たぶん認可が取り消され

るし、誰も入学しそうもありません。ある高校は、基本がオンライン学習でほぼ全員が卒業していますが、e-learningの歴史から見ると、それは驚異というか奇跡のような高校です。そのために、多くの努力とノウハウがあるのです。

先のe-learningのドロップアウト率を下げるために、多くの研究と実践がされました。その結果、最も大きな原因は、受講生の孤独感にあることが分かったのです。帰宅して家族団欒の中を抜け出して、机に向かうにはそれだけの気力が必要ですが、それだけではなく、自分だけがこのような状態にあるのだろうか、と思うようになるのです。それが孤独感で、それに捕らわれると学習が進まず、もう止めたと、放棄してしまうのです。気持ちは分かります。

e-learningの先駆け的な取り組みは、50年以上の歴史を持つイギリスの公開大学です。日本でも放送大学があって、テレビで講師が講義し、それを受講してレポートなどを提出し、単位を取得して卒業免許をもらう仕組みなので、理解できます。公開大学 (open university)は、テレビもインターネットも利用していました。どのような技術を使っても、なかなか孤独感を克服することは困難でした。

そこで採用したのが、チューターやメンターなどの制度でした。チューターは家庭教師のことでメンターは相談する人のことです。テレビやインターネットを通じて講義を受けて、疑問に思ったことをメールや電子掲示板などに投稿すると、チューターやメンターが回答するのです。それも24時間以内のような即時性を求めるので、公開大学の講師が回答することは無理なため、その専門分野の大学院生などが相談相手として回答する仕組みです。

その相談内容は、専門分野の内容だけでなく学習の仕方やレポートの書き方など広範囲に広がっていました。文字通り、相談相手だったのです。図9は、イギリスの公開大学と日本の放送大学のWebサイトです。

つまり1人で学習を継続することは、無理なのです。相手を求める、相手と共に学習を進めることが、自然なのです。その相手が相談員でも、友達でも、先生でも良いのです。子供に勉強部屋がある家庭では、オンライン学習では、その部屋に閉じ込めているようなものです。人は人を求めるのが自然の摂理であって、先にも書いたようにStay Homeは平時ではなく非常時だから従っていることに過ぎず、教育や人間の本性からみれば真逆の要請なのです。プレゼンス研究で分かったことは、側に人がいるだけで学習効果があるということでした。人の存在が、学習の後押しをするのです。

先にも書きましたが、両親が共稼ぎの家庭で1人だけで勉強に取り組む大学受験生が求めたものは、メールでの友達との会話でした。気が狂いそうになるような体験で得たものは、仲間の持っているパワーでした。文字通り、人が人から元気をもらったのです。継続する力と生きる力をもらったのです。オンライン学習で大切なことは、「3. つながること」で書いた人と人がつな

[図9]イギリスの公開大学と日本の放送大学

がっているという感覚です。学力の保証の前に、人とつながっていなければなりません。

9. Sense of Communityとは

　英語で恐縮ですが、日本語では「所属感」や「連帯感」などの意味です。現在の2020年から15年以上も前の古いことなのですが、教育とテクノロジーの国際会議に参加しました。その国際学会で初めてこの言葉を聞いたこと、その発表者が優秀な研究をしたことで表彰されたことから、印象に残っているのです。その後、この単語に関連する研究は多く出てきましたが、そのほとんどはオンライン学習に関連していました。

　オンライン学習では、先に述べたように孤独感に襲われることが多く、大人も子供も1人で学習することの不安を抱えています。そこで連帯感とか所属感などが重要になってきます。先に紹介した同じクラスの友達との会話によって、つながりの感覚、連帯感が生じて、学習を継続する動機になっています。同時に、テレビ会議のような同期型と電子黒板のような非同期型を併用すると、連帯感が強くなるなどの研究が発表されてきました。そのことは、先に書いたように実践的にも経験的にも感じていることです。

　私がこの発表で興味を持ったのは、物理的な所属感と仮想的な所属感の違いについての研究でした。残念ながら、その時の発表論文は手元にありませんが、当時としては新鮮なテーマだったのです。今日のオンライン学習では、より重要な研究になってきました。関連文献については、第2節を参照してください。

[図10] SNSと現実の違いのイメージ

　中学生や高校生だけでなく大人もSNS（ネットワークを用いた交流サイト）が、大流行しています。LINEで親子が会話し、Facebookで近況報告し、Twitterで思ったことをつぶやく、など世界中の大人も子供も使っていることは相当な影響を与えていることになります。今日行ったレストランの料理はこれだと写真付きで送る、それに対して、「いいね」と返信する、これから電車に乗ります、と駅のプラットホームの写真を送る、大統領がTwitterで重要な政策を送る、などさまざまな展開を見せています。

　このようなSNSは便利ですから、たちまち世界中に広がっていきました。しかし私が疑問に思っているのは、何故レストランの料理をSNSにアップして交流するのだろうか、国の最高責任者が重要な内容を何故SNSで送るのだろうか、という素朴な問いです。

　料理がおいしかった、今日は青空で気持ちが良かった、飼っている犬の仕草がかわいらしかった、などは家族が集まった夕食時でも話す話題のような気もしますが、それが他人、それも縁の薄い人々に対して情報を発信することは、どこか人々の所属感とか連帯感が変化してきたからではないだろうか、という研究的疑問が、先の国際会議での発表だったのです。

　それを聞いて、どこか背中をドンと押されたような印象を受けました。当時はTwitterも無いので、それを使う大統領は当然ながらいません。重要な政策は簡単に公表するものではなく、政治家や官僚だけで会話される重要事項なのですが、特定の党派に所属する人だけではなく、それ以外の他人にもつぶやくのは、元々の特定党派に所属する感覚が低いのか、あまり重要視していないか、縁は薄いが大勢の人に聞いてもらいたいのか、真意は分かりませんが、所属感や連帯感が変わってきたことは納得できるのです。

　SNSという仮想の世界が、現実世界の学校、クラス、部活や家族、親戚などの集団と同じか、あるいはそれ以上の所属感や連帯感が生じてきたとすれば、それは正しく評価し正しく活用する必要がある、という趣旨の研究だっ

たのです。

　世界中で膨大な数の人々がSNSを使い、日常生活のささやかな出来事、感じたことを、交流し合っていることは、人々がどのコミュニティに属しているかという所属感やどれだけつながっているかという連帯感が、大きく変わりつつあると言えそうです。先に書いたように、子供たちは、つながりがなければ学習は継続できないのです。

　子供たちだけでなく大人もすべての人が連帯を求めています。そこから元気をもらい、パワーをもらって、生きる力を得ています。オンライン学習においては、この感覚を大切にしながら、現実社会だけでなく仮想の世界におけるSNSも、Sense of Communityに大きな影響を与えていることを理解する必要があります。

　図10左図は、SNSで交流している光景です。右図は教室での対話の光景です。左図は仮想（バーチャル）で右図は現実（リアル）ですが、子供たちの感覚では、その違いは当然ながらありますが、所属感とか連帯感の観点では、どうでしょうか。いろいろな観点から研究する必要があると思います。

　私の素朴な印象では、やはり仮想は仮想にしか過ぎず、現実世界はより重いのではないでしょうか。プレゼンス研究から分かるように、人は周囲の人から見えないメッセージを受け取って、自分に取り入れています。現実にそこに人がいること自身が、その人の表情や息づかいまで含めて、私たちに伝わってきます。その意味では、対面の授業を大切にしながらオンライン学習を併用することになると思います。

10. Attachmentとは

　図11をご覧ください。例えば、公園の砂場で幼児が遊んでいて、その後ろで母親が見守っていると想像できる平凡な光景です。

　この図では2人だけですが、大勢の幼児が遊んでいたら、たぶん他人同士だろうと想像できます。私も砂場で遊ぶ幼児たちを観察したことがありますが、そこでも人間関係があるようで、1人だけで遊ぶ時とは違って、砂を盛り上げる、道具を使う、自分のイメージしたモノを作る、砂を別の場所に移す、などは、他人への気遣いをしているように思えます。それは、幼児なりの学習と言えます。そして時折、母親のほう

[図11]幼児の遊びと母親

を見たりして動作を続けているようです。

　学習とは、新しいことを吸収することで、自分が変化することです。それは、取り組む姿勢が無ければできません。英語を話せるようになりたい、と日本人の多くは思っていますが、いざ外国人の前に出ると、なかなか話し出す勇気が出ないのです。会議で自分の意見を言いたいのだが、いざ会議になると、言いだすきっかけもなく、黙ったままで終わるという苦い経験を誰でもしています。もしその時、下手な英語でもいいので会話をしていたら、会議で意見を言っていたら、と思うことがあります。

　勇気が必要なのです。勇気を出して話せば、良かった、自分が変わった、と後で思うでしょう。変わること、それが学習なのです。学習指導要領では、学びに向かう力、と呼んでいますが、それには一歩踏み出す力が必要なのです。その力、勇気は、もちろん生まれつき持っている人もいますが、ほとんどの人は体験しながら獲得していきます。

　そのためには、後押しが必要なのです。失敗しても大丈夫、と砂場で母親が見ているのです。幼児でも砂でモノを作ること、道具を使うこと、他の幼児と仲良くやっていくこと、などすべて学習です。しかし失敗しても大丈夫、道具が壊れても大丈夫、思い切ってやってごらん、と母親が後押しをしています。口に出さなくてもいいのです。幼児が、安心して勇気を出せれば、学習は成立します。

　安心する場、それを提供することを、Attachmentと呼びます。日本語では「愛着」と訳されますが、安心感を与える、と言うと分かりやすいと思います。attachですから、タッチする、接触する、側にいる、という意味で、attached schoolは、大学付属学校の意味になり、attached hospitalは、大学付属病院の意味になります。図11で母親が後ろで見守っているのと同じ立場なのが、大学とか法人で、その役割がAttachmentです。

　オンライン学習では、この安心して学習できる、という安心の場を提供することが大切になります。先に書いたように、オンライン学習では、孤独を乗り切り、自由さと戦い、GRITのようなやり抜く力を蓄え、という自立が求められます。そのためには、1人では無理で、人はつながりを求め、安心感を求めるようになります。その安心の場を与えることがAttachmentですが、公園の砂場で見守る母親の役割は、先生や家庭や友達などの相談できる人でしょう。

　コロナ禍の中で、学校が子供たちに何も手を差し伸べなかったら、課題だけ出して宿題の延長だと思わせたら、その学校や先生は、幼児を公園の砂場に置いて自分は自宅にいる母親のようなもので、学校や先生の役割を果たしていないのです。具体的には、オンライン学習を実施する、SNSなどで繋がる、電話をかけるなどです。オンライン学習では、声掛けするなどを心掛けることです。

11. 探求型学習とは

　新学習指導要領では、探求型学習が求められていることは、知っている人も多いと思います。九九や漢字や英単語などは基本的な知識ですが、これらの知識はほとんど練習によって獲得できます。何度も書く、声を出して覚えるなど、誰でも経験したドリルの学習です。この基礎的な知識は当然ながら大切です。漢字が読めなければ新聞が読めません。九九ができなければ、買い物も難しいでしょう。

　大学生に理科の質問をしてみました。冬の寒い朝に息をすると、何故白くなるのか、という問いです。小学生の科学雑誌によく出る問題です。これも理由を聞くと、なかなか正確に答えられないのです。白くなるとはどういうことか、冬の朝は寒いがそれは温度が低いことだ、吐く息は体温から出てくるから外気に比べれば高い温度だ、高い温度と低い温度の空気が接するとどうなのか、と考えると、先の九九や漢字の知識と違うことが分かります。覚えることではないからです。現象を理解する能力が求められているからです。

　コロナ禍によって世界は大混乱しました。緊急事態宣言が出て外出を自粛しました。そして感染者数はピークを越えて減少し始めました。では、何故ですか、何故密を避けなければならないのですか、そもそもコロナウイルスとは何ですか、新型とはどういう意味なのですか、など疑問が湧いてきます。

　これらの問いに正確に答えようとするなら、専門家の考えも聞かなければなりません。新聞やインターネットで調査しなければ回答は得られません。つまり、先の吐く息が白くなる理由とは、異なっています。正解があるかどうかも分からないのです。分からないから探求するのです。その方法は、調査、実験、分析、インタビューなど多様です。このような学習が探求型学習です。

　探求型学習が求められる背景は、インターネットや人工知能などデジタル技術の進展によって、知識はネットにアクセスして得ることができるからです。昔は物知りの人がいて、その人に聞く、というような落語がありますが、そのような人の脳に蓄えられている知識に頼るよりも、膨大な知識を外部、クラウドであればデータセンターに蓄積して、誰でも活用しようと考えたのです。研究者であれば論文を発表しますが、そのほとんどは文献データベースに集められています。

　学校の情報は、その学校のWebサイトに掲載されています。病気になれば、どの病院に行けばいいか、ネットで調べるのが普通になりました。余った食材があって、夕食の料理を何にしようかと迷う時も、ネットにアクセスして調べることが当たり前になったのです。知識のほとんどは、ネットのWebサイトに存在すると言っても過言ではありません。ロボットが世界中のWebサイトを探索してデータセンターに蓄積すれば、まさに知識の宝庫になるのです。

　しかし、先に述べたように、それは知識です。漢字や九九や英単語だけ

でなく高度な知識もありますが、それは知識群であり、それ以上でもそれ以下でもありません。つまりコンピュータ自身は、探求できません。人工知能も分類などはできても、探求活動や創作活動は無理なのです。

　したがって、人の能力を発揮させるには、コンピュータにできない高度な認知能力を発達させることが必要になってきました。基礎的な知識を獲得すること、それは先に述べたように、生きていく上で必須の能力、リテラシーですが、さらに人間本来の思考力、創造力、探究力などを育成することが、新学習指導要領で求められているのです。

　探求学習と書きましたが、例えば研究者はその典型かもしれません。自然科学者なら実験や観察をし、社会科学者なら調査や現地訪問をし、人文科学者なら文献を読み、などの研究活動をしています。その時、必ず記録を取っています。実験ノートであり、調査記録であり、文献リストなどです。その記録は、文字だけではありません。言語学者が未知の部族の言語を調べる時は、録音機は必須です。つまり、文字・写真・音声、場合によっては動画などを記録しておく必要があります。その記録も、時系列で保管することも研究分野によっては必要です。

　これまでは、このような記録を紙に書いてファイルとして保存していましたが、音声は紙には記録できません。かくしてコンピュータに記録を保存するようになったのです。この記録のファイルを、ポートフォリオと言います。日本語の訳は、書類入れ、紙ばさみ、複数の書類をひとまとめに持ち運べるケースなどですが、確かに探究活動にはファイルが必須です。コンピュータでファイルする場合、デジタルポートフォリオとかeポートフォリオと呼びます。

　図12は、アメリカ・デンバーの学校におけるeポートフォリオの例です。テーマを決めて仮説を立てて、その証拠になる情報を集め、それをクラウドのWebサイトに書き込んでいます。クラウドですから、パスワードを入力すれば、学校でも自宅でも、教員も生徒も情報を共有することができます。eポートフォリオですから、このような記録ファイルが、1人の生徒やグループに対して、数多く保存されています。

　当然ながら、紙では不可能です。グループで探求活動を

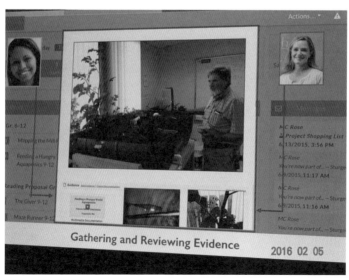

[図12]探求学習におけるeポートフォリオ

行うとすれば、グループのメンバーも教員も、自宅でも学校でも、いつでも書いたり読めたりできなければなりません。クラウドや情報を共有するプラットフォームが必要になるのは、当然なのです。

図13は、生徒のeポートフォリオを読んで、教員が評価したりコメントを書いたりする写真です。これも紙では無理で、クラウドのWebサイトとして共有することで可能になります。この学校では、このような探求学習を、テーマの設定、仮説の設定、研究計画、研究方法、データ収集、データ分析などすべてをWebサイトで実行しています。

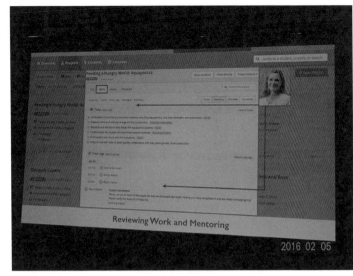

[図13] Webサイトでの教員による評価とアドバイス

教員が写真のように、評価していますが、それは結果だけではないのです。結果だけなら、九九や漢字や英単語のように、どれだけ覚えたかで評価できますが、探求学習の場合は、どのように探究していったのか、どのような計画を立てたのか、どのような手段で実施したのか、どのように分析したのか、という過程を評価するのです。過程を評価するので、記録ファイル、つまりeポートフォリオが必要になるのです。

オンライン学習と言うと、リアルタイムの授業を想定しますが、海外の学校では、リアルタイムのTV会議を使った授業だけではなく、上記のような非同期型で、自宅でも学校でも図書館でも、インターネットに繋がっている端末さえあれば、時間も空間も超えて学習できるスタイルが多いのです。コロナ禍以前に、このようなオンライン学習を実施しているので、日本と少しニュアンスが異なるのです。

現在ではいろいろなプラットフォームが提供されていますので、第2章以下を参照してください。

12. オンライン学習のスタイル

先に述べたように、これからのオンライン学習は、枠組みを広げて考える必要があります。日本のリアルタイムのオンライン学習は、語感としてはオンライン授業です。それは授業をオンラインで実施するという意味に近く、学校にいる教員が、ネットの線を使って子供たちのいる家庭まで、授業を送る

[図14]通信衛星を用いた映像配信講義（2001年）

という意味に近いからです。

　もちろん、このようなスタイルも重要ですが、通常授業が始まれば、リアルタイムのオンライン授業は必要なくなるからです。それでも対面授業よりもオンライン授業のほうが受けやすいという子供たちもいますが、それは別の問題になります。対面の通常授業が開講されているのに、オンライン授業のほうが良いという要求に答えるには、教員は相当の時間的・労力的な努力が要請されます。現状では、かなり難しいのです。

　先に述べた、リアルタイムではないオンライン学習は、対面授業の補完です。クラウドのWebサイトである電子掲示板のようなシステムで、いつでもどこでも学習できるスタイルなのです。リアルタイムのTV会議のオンライン学習・オンライン授業を、ここでは同期型オンライン学習と呼び、Webサイトの電子掲示板のようなシステムを、ここでは非同期型オンライン学習と呼びます。

　この両方のスタイルを活用するほうが、現実的です。コロナ禍のような非常時には、通常登校できないので、同期型オンライン学習の存在意義は高いのですが、通常登校ができるようになれば、非同期型オンライン学習が有効になるのです。そして、それは先に述べたように、探求型学習に適しているのです。

　図14は、同期型オンライン学習の例です。この授業は、オンラインではなく衛星通信を用いたリアルタイムの映像配信授業で、2001年なので20年も昔の実験です。当時、なんとかリアルタイムで講義風景を映像で配信したいという目的で試験的に実施したもので、私が講師になって全国の研修センターにいる先生方に配信した光景です。質問時間を設けて、携帯電話やパソコンの電子メールやFAXで受け付けることにしましたが、結果は失敗で、ほとんど質問はなかったと記憶しています。

　現在の同期型オンライン学習は、そのシステムが簡単で容易に設定でき、質疑応答も音声でもチャットでもできるので、活発な議論ができています。その意味では、同期型オンライン学習も臨場感があるので、これからも補充の意味で活用されると思います。

　図15は、非同期型のオンライン学習の簡単な事例です。2007年ですから十数年以上も前ですが、大学院の授業で、授業毎に用いる教材資料を

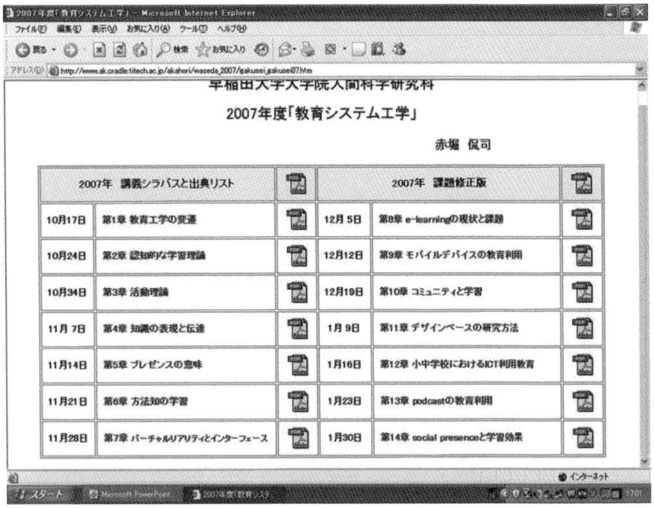

Webにアップしておき、学生は事前に読んでおく、授業当日は印刷しておくか、パソコンに教材資料を保存して授業時間に見る、という簡単な方法ですが、学習効果はきわめて高かったのです。

オンライン学習と書きましたが、対面の通常の授業で、普通のスタイルですが、講義ではないのです。授業日ごとに教材資料を事前に読んでおく担当学生を決めておいて、その学生が自分なりの理解した内容を説明し、後は議論するのです。したがって、授業のほとんどは講義ではなく、学生同士が意見を述べ合うスタイルで、資料の解釈の違いによって白熱することもあります。

[図15]教材資料をWebで事前配布する授業（2007年）

事前に読んでこないと議論に入れないので、文字通りお客さんになってしまいます。全員が読んできて議論をすると、教室中に言葉が飛び交うような雰囲気になり、合間に私がコメントをし、最後に重要なポイントをまとめますが、大学には講義は要らないのではないか、と思っていました。教材資料は、ほとんどが論文です。つまり研究途上の内容なので、正解はない資料といってもよいので、密度の高い議論ができたのです。

つまり、これが探求なのです。研究テーマの設定、データの収集、データの分析、解釈、結論、考察などは、すべて探求ですから、その過程を学習しているのです。

このように、非同期型が成功するには、学生が主体になることです。先に何度も書きましたが、学生・生徒・子供が主体になること、それは同期型でも同じです。一斉授業における受け身型の学習スタイルを、オンラインで配信しても効果はほとんどありません。つまり対面授業と変わらないか、それ以下になる可能性が高いと言えます。

さらに資料だけでなく講師の映像を入れた非同期型のオンライン学習は、「e-learning」と呼ばれます。多くの大学で導入されていますが、ネット配信するので、資料の著作権処理をしておかなくてはなりません。これが難問で、私は実践できませんでした。

また、MOOCがあります。大規模公開オンライン講義と訳され、大学の講義をオンラインで公開して無料で誰でも受講できます。詳細は、本書の範囲を超えますので省略しますが、ここで述べたかったことは、同期型でも非同期型でも、受講生が主体になることの重要性です。

13. 1人1台とは

　よく知られているように、地方自治体におけるハードウエア・ソフトウエアの整備は十分ではなく、文部科学省は、すべての学校で3クラスに対し1クラス分の端末を整備する目標を掲げていました。しかし、すべての子供たちに1人1台端末を実現するというGIGAスクール構想を、政府は閣議決定しました。ICT環境整備では、いきなり世界でトップの座を占めることになったのです。

　これだけでも、青天のへきれきと言っても良いのですが、新型コロナウイルスの感染拡大に伴い、これまで令和2年度から4カ年計画で実施する計画であった、小中学校すべての学年の整備計画を、令和2年度補正予算で実現することが決まりました。つまり令和2年度中に1人1台端末の整備予算が計上されたのです。

　それだけではありません。緊急時における家庭でのオンライン学習環境の整備として、通信機器の整備支援も補正予算の中に組み込まれています。つまり、家庭における学習を保証するために、ICT環境整備計画を学校だけから家庭にまで拡張したのです。これは、教育の情報化だけではなく、教育のパラダイムを変革するほどの大きなスキームだと言えます。

　そこで、さまざまな課題が出てきました。1人1台のパソコンをどう調達したらいいのか、家庭でのネット接続のためのルータをどう確保したらいいのか、学校のLANをどう構築すればいいのか、これまでの自治体が進めてきた教育情報化計画とどう調整すればいいのか、事務的な処理時間をどう確保すればいいのか、学校セキュリティをどう担保すればいいのか、自治体の財務部との折衝をどう進めればいいのか、など難問ばかりです。

　これまで述べてきたオンライン学習も、1人1台が前提でした。家庭でのオンライン学習を実施するには、パソコンがなければ、ネットに繋がっていなければ、手も足も出ないことは当然です。端末やルータは、家庭と学校や先生を結ぶ線であり窓なのです。線がなく、窓が閉じていれば、自宅の外に出ることはできません。どうしても、子供たちに端末を渡す必要が生じています。

　図16は、文部科学省「GIGAスクール構想の実現パッケージ」(2019年12月)からの引用です。先生方はテレワークができるように、子供たちは家庭でのオンライン学習ができるように、院内学級や島内の小規模校などには遠隔教育ができるように、その実現のための仕組みです。

　個人情報などのセキュリティを担保するために、個人情報を扱う校務系システムと、学習のための教材やツールを扱う学習系システムを分離して、先生と子供たちが安心して、家庭でも学校でも情報にアクセスできるように計画されています。

　確かに、教員も子供たちも1人1台が実現されていることが前提になります。しかし、難問が残っています。どうしたらいいのでしょうか。誰も明快な解答は持っていないような気がします。自治体の担当者としては、これまでの情報化推進計画に基づいて、その筋道にそって仕事を進めるのだと思います。学校にもこれまでの仕事の仕方や考え方があり、それを踏襲して調達などを行うことが通常だと思います。

　例えば、学校とはこうである、という考え方の枠があります。教育委員会も同じように、教育委員会とはこうである、という枠を持っています。それは良い悪いの意味ではなく、誰も持っていて、メンタルモデルと呼ばれることもあります。学校では教員は黒板の前に立って教えるべき、というような枠です。ある小規模校で教室にいる1人の子供に、先生が黒板の前に立って40人学級と同じようなスタイルで、授業をしていました。それが良い悪いの意味ではなく、授業とはそのようなものだ、という枠を持っているからです。家庭教師のように、子供の側で授業をしてもいいのに、と思ったことがあります。

　パソコンが授業中に故障して動かなくなった、あいにくと予備のパソコンが無かったので、子供たち全員のパソコンを閉めさせて黒板で授業をした、という例もあります。それはそれで適切な処置かもしれませんが、隣の子供のパソコンを共有するなどの方法もあったはずです。それは、子供たちには全員が平等であるべきだ、というメンタルモデルがあるからだと言えます。

　このように、私たちは、こうあることという枠を抱えて物事を考えています。しかし、先に述べた様に、教育のパラダイムが変わり、学校に居ても自宅に居ても、病院に居ても、どこからでも情報にアクセスできることを目指す、という方針が閣議決定されました。それは、これまでのメンタルモデルを変えることを意味しています。一言でいえば、学校も社会とつなげ、社会のモデルを学校に取り入れるという考え方とも言えます。

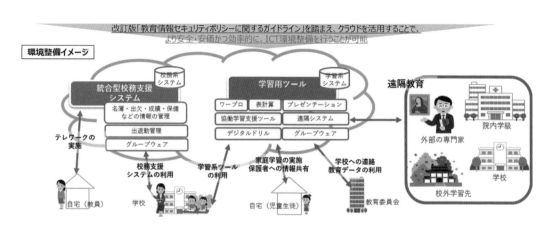

[図16]文部科学省「GIGAスクール構想の実現パッケージ」2019年12月

企業でも行政でも団体でもどこでも1人1台が常識で、それは一人一人が持っていることが当然だという、社会におけるメンタルモデルがあります。それを学校に取り込むという考え方が、1人1台と言えます。ということは、これまでの学校のメンタルモデルをご破算にして、社会のモデルで考える、これまでの手順であるプログラムを捨てて、新しい枠で考える、ということです。

　長い間、教育委員会はクラウドを利用することに躊躇していました。学校における個人情報の流出を恐れたからです。これも再考する必要があります。家庭でオンライン学習をするとなれば、ネットに接続できなければ何もできません。学校サーバや教育センターサーバにアクセスする方法も良いと思いますが、クラウドにある市販教材の活用も興味深いのです。教師が自作した教材は確かに優れた内容が多いですが、市販教材もまた評価すべきコンテンツなのです。メンタルモデルを変えれば、NHKのデジタル教材など多くのコンテンツが利用できます。

　すべての子供にパソコンやタブレットがないことも、頭痛の種ですが、何故かスマホだけはほぼ全員が持っています。スマホでもかなりのコンテンツはアクセスすることができます。家庭によってパソコンの機種が異なって快適にアクセスできる子供と、そうでない子供に差が生じることは、その通りですが、今後はBYOD（私用のパソコンやスマホを学校などに持参する）が普通になると思います。すべて平等という枠を外すのです。ある県の教育委員会は、その県のすべての高校生にアカウントを発行したと、先に紹介しました。このようなことはたぶん前代未聞だと思います。コロナ禍の中で、新しいメンタルモデルができて、新しいプログラムが動き始めたのです。この動きは他県にも広がっています。

　ある学校が生徒全員に渡すパソコンの財源がないことを気にして、その学校の同窓会に働きかけ、資金を集めました。ある自治体は、クラウドファンディングによって、資金調達をしたと聞きました。これまでの枠を捨てて新しい枠で考え、新しいプログラムを作り実行していったのです。

　ある教員は、まったくICTに興味もなくパソコンにも触れていませんでしたが、コロナ禍の中で、TV会議システムを用いたオンライン学習に取り組み、自分の学校観や生徒観が変わったと言いました。メンタルモデルが変わったのです。パソコンやルータは道

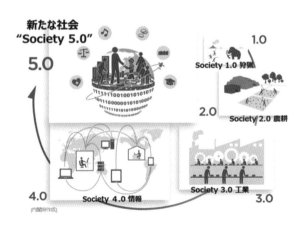

［図17］Society5.0のイメージ図（内閣府）
https://www8.cao.go.jp/cstp/society5_0/

具であり、手段なのです。目的ではありません。目的は何かと考える時、これまでの枠を捨てることができるのです。

14. 突然変異とは

　もう一度書きますが、手段に捕らわれて目的を忘れてはいけません。それは分かっていますが、どうしても無いものはできない、という先生方も多いと思います。目的は子供たちの未来を輝かせることです。コロナ禍の中で、子供たちによっては多くの格差が生じたと思います。この期間、いろいろな子供たちの声や先生方の声を聞くことができました。

　ある小学生は、できるはずもないような多くの課題を郵送で送ってこられて、やる気がしなかった、と言い、別の小学生は、郵送で送ってきたが先生から電話をもらったので、楽しく過ごせました、と言っています。ある生徒は、学校とは何か、友達とは何か、先生とは何か、勉強とは何か、を考えて、自分が自立したようだと言いました。

　そして、学校が再開して子供たちが通学してから、先生方が、子供たちは素晴らしい、こんなにも嬉しそうに勉強し部活をしている、と感想を言っていました。私がある学校法人の役員をしていて、先生方から聞いた感想です。

　このように考えると、先生方も子供たちも、もう一度自分で学校や授業や友達や進路などを、考え直しているのです。これまでのメンタルモデルを見直していると言っても良いのです。中学1年生の子は、絵が好きな自分に気が付き、夢中で絵を描き続け充実した生活を送り、自分の将来も考え直したと聞きました。新しい将来のプログラムを作り始めています。

　新しいドラマが生まれ始めているようです。それは、どこか突然変異に似ています。GIGAスクール構想実現という、本気なのかと思うような国の政策が起こり、新型コロナウイルスパンデミックが突然に起きて、世界中の政治・経済・教育が劇的に変わるという大異変が起きました。その結果、日本の子供たちは休校で家庭学習を余儀なくされ、学校ではオンライン学習を導入するようになりました。

　オンライン学習は、GIGAスクール構想とコロナ禍という2つの遺伝子によって生まれた突然変異のようなものです。劣勢遺伝子なら淘汰され、優性遺伝子なら進化して生き残ります。オンライン学習はどちらなのか、優性遺伝子として進化していけるはずです。

　図17は、内閣府作成のSociety5.0の模式図です。未来に向かって、教育も進化を遂げると期待されます。

15. まとめ

　以上、第1節のオンライン学習とは何か、について述べました。

　その第一は、オンライン学習は一過性の学習スタイルではないことです。これからの学習は、対面による学校中心の学習とオンライン学習の両方が併用しブレンド型で進むという予想です。その理由は、学校教育に、社会との連携を強め社会のモデルが学校に入ってくるからです。コロナ禍の中で人々は新しい仕事スタイルを経験しました。

　同じように、教育もオンライン学習という家庭で学習するスタイルを経験しました。アフターコロナでは、仕事の仕方や生活の仕方が変わり、新しい仕事様式や生活様式が定着すると言われていますが、教育もまた然りです。新しい学習様式が定着するでしょう。

　第二は、オンライン学習と言っても、学校の授業をそのまま家庭に送信するリアルタイムのオンライン授業、ここでは同期型オンライン学習と呼びますが、それだけではなく、非同期型のオンライン学習が定着するということです。具体的には、通常登校によって対面による通常授業が日常化した場合においても、どこでもいつでもアクセスできるクラウド上のWebサイトに、書いたり読んだりする学習スタイルと併用するという意味です。

　つまり、対面授業を補完する役割としての非同期型オンライン学習です。通常授業の他に、同期型のオンライン学習も、ある割合で継続されるかもしれません。

　第三は、探求型学習が求められるということです。非同期型のオンライン学習は、探求の過程である学習記録を蓄積して、子供たちも教員もいつでもどこからでもアクセスして、情報を共有する仕組みが必要になります。つまり、eポートフォリオです。そのためには、クラウド上のWebサイトが必須になり、非同期型オンライン学習が対面の通常授業と併用して定着することになります。

　第四は、子供たちには、自主性や自立が求められるようになります。家庭における学習には、自由さがあります。しかし、自由は逆から見ると、自己制御ができない子供にとっては大きな落とし穴になります。その穴に落ちないためには、自分で立つことができる、自分でコントロールできる、つまり子供に自立することを要請するからです。この力は、GRITと呼ばれますが、未来を生きる子供たちにとって、重要な資質能力となるでしょう。

第五は、オンライン学習では、人とつながることが重要です。人は1人では生きていけず、他の人によって学習は継続し、動機づけされます。このことから、学習内容を伝えるだけでなく、つながりを強めることが最初の一歩でなければなりません。つながっていると意識できた時、次に学習内容に入っていけます。Sense of Communityとも呼ばれます。

　第六は、教員や家庭などからのAttachmentです。Attachmentは愛着と訳されますが、安心な場所のようなイメージで、オンライン学習を持続するには、安心感を持たせることです。オンライン学習では、孤独や焦燥や自分との戦いという心の葛藤が生じます。その子供たちに安心感を与えることで、前に進むことができるようにします。

　最後は、1人1台の端末の確保や、家庭からネットに接続する環境の整備です。これには、BYODや、できるところから整備していくようなこれまでとは別の発想も必要になります。始めに、子供たちにアカウントを与えて、自主的に管理できるようにすることも必要です。それは、これまでの発想や考え方の枠組みであるメンタルモデルを変えて、新しい柔軟な枠組みに変化することを意味しています。それが、未来につながる教育を実現する原動力になるからです。

オンライン学習の実態調査

1. ベネッセの実践研究プロジェクト

[注1]
2018年度青少年のインターネット・リテラシー指標等に係る調査結果（総務省）https://www.soumu.go.jp/main_content/000632383.pdf

[注2]
西川一二・奥上紫緒里・雨宮俊彦、日本語版Short Grit（Grit-S）尺度の作成、パーソナリティ研究2015, 第24巻, 第2号, 167–169

[注3]
尾崎由佳・後藤崇志・小林麻衣子・沓澤岳（2016）セルフコントロール尺度短縮版の邦訳および信頼性・妥当性の検討, 心理学研究, 87(2), 144-154

[注4] David W. McMillan and David M.Chavis, Sense of Community: A Definition and Theory, Journal of Community Psychology、Volume 14, 6-23, January1986

　『コロナ禍における「生徒の気づきと学び」を最大化するPJ』と題するプロジェクト（代表・ベネッセ教育総合研究所小村俊平）に、私も参加しました。主に全国の中学校・高等学校の先生方や生徒たちと一緒に、コロナ禍における学習の在り方を模索し、お互いが協力しながらコロナ禍においても、学習を維持し最大化することが目的で、私も参加して多くのことを学びました。その成果は、ベネッセのWebサイトを参照してください（図1参照）。

　この節では、私が担当したオンライン学習の実態調査について、その概要を述べます。この調査は、私だけでなく、ベネッセ教育総合研究所との共同研究なので、著作権上、明記しておきます。赤堀と小村以外は、新井健一・宮和樹・芦野恒輔・住谷徹の合計6名で実施しました。

　さて、私は調査項目を担当しましたが、第1節で述べましたように、オンライン学習は、いろいろな観点から考える必要があります。始めに、生徒たちがネットで学習するのですから、ネットリテラシーが必要です。第1節で述べたように、一人一人がアカウントを持って自主管理しなければなりません。私たちも経験しているように、スパムメールや出会い系サイトなど、ネットにおける誘惑は枚挙にいとまがないほどです。

　オンライン学習によって、悪徳商品を買ってしまったり、個人情報を盗まれたりすれば、元も子もなく真逆の悪影響を体験させたことになります。ネットを活用することやネット社会を生きるためには、それ相応のリテラシーが必要です。そこで、ネットリテラシーを調査項目の1つにし、総務省のILAS指標を参考にしました [注1]。

　次は、第1節で述べたGRITです。GRITについては、多くの文献がありますが、日本語で調査しなければなりません。そこで、主に心理学系の文献を参考にしました [注2]。

　さらに第1節で述べた、自由さや孤独感を乗り越えるための自制心の調査も必要であり、心理学系の文献を参考にしました [注3]。

　最後に、第1節で述べたSense of Community、所属感や連帯感の調査です。適切な日本語文献がないので、初期の文献を参考にしました [注4]。

　以上のように調査項目を設定して、生徒にアンケート調査をすることにしました。学術研究ではないので、調査項目の妥当性や独立性などの分析はし

ていません。また、オンライン学習尺度と定義したかったのですが、尺度構成の手順を踏んでいないので、ここではオンライン学習の調査項目と名付けています。以上の項目の他に、生徒がオンライン学習でどの程度のストレスを受けたか、それぞれの学校ではどの程度オンライン学習を実施していたか、また自由記述欄にストレスや不安などを自由に記入してもらいました。

これを、コロナ禍で休校中の学校の生徒たちに協力をお願いして、2020年5月に全国の中学校・高等学校の生徒、約2300名に回答してもらいました。その成果の詳細は図1を参照していただくとして、本書では概要だけ述べます。

2. オンライン学習の調査項目

オンライン学習の調査項目を、図2に示します。主に、同期型のオンライン学習を想定しています。

実際には、少し調査項目の質問の文章が違っていますが、骨格は同じです。なお調査項目が12項目では少ないのですが、記入時間をなるべく短くすること、ネットで簡単に回答できること、多くの学校

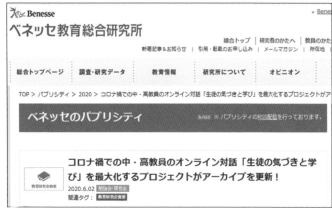

[図1]ベネッセのオンライン対話のプロジェクト
https://berd.benesse.jp/publicity/detail.php?id=5503

オンライン学習調査項目（12項目）
1. 困難に向かう力（GRIT尺度）
　①オンラインでも目標を設定して地道に達成していく
　②オンラインで壁にぶつかっても簡単にはあきらめない
2. 計画性（セルフコントロール尺度）
　③オンラインでも先のことを考えて計画的に行動する
　④オンラインでも他人にすぐに同調しないで他の方法を考える
3. 自制心（セルフコントロール尺度）
　⑤自宅にいて楽しいことがあっても状況を考えて我慢する
　⑥自宅にいて誘惑があっても今やるべきことを先にやる
4. 学習の感覚（sense of community尺度）
　⑦オンラインでも教室と同じように勉強できる
　⑧オンラインや電話で先生からの声掛けがあればやる気が出る
5. 連帯感（sense of community尺度）
　⑨オンラインでも友達とコミュニケーションするとやる気がでる
　⑩オンラインでも同じ学校やクラスにいる感覚がする
6. ネットリテラシー（ILAS尺度）
　⑪ウェブサイトからの誘いには適切に判断して対処できる
　⑫個人情報などをネットに流さないような判断をしている

あなたは、現在どの程度ストレスを感じていますか（5段階評定）
その原因は、主に何ですか（自由記述）

[図2]オンライン学習調査項目

で利用していただきたいこと、を想定して作成しました。また、回答は1（全くあてはまらない）から5（非常にあてはまる）までの5段階です。

この項目の中で、6のネットリテラシーは、オンライン学習を行う上での基本のリテラシーで、1から3のGRITやセルフコントロール尺度は、生徒自身が持っている非認知能力や特性です。問題は、4の学習の感覚や5の連帯感の項目です。これは、友達との交流や先生からの声掛けなどで変化する項目なので、オンライン学習をどのように実施しているか、に依存します。こ

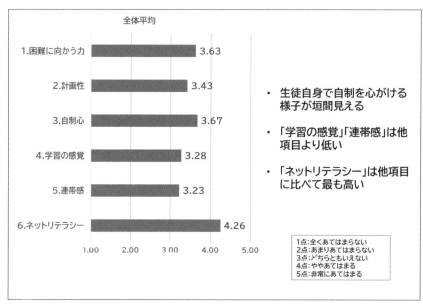

[図3]全体の調査項目毎の平均値

の調査において、生徒たちはどの程度ストレスを感じているか、また学校の取り組みによって、生徒たちはどのように感じているか、自由記述の内容から示唆が得られることになります。

3. 得られた結果

以下、結果の概要について述べます。

(1) 全体の傾向について

図3は全体の傾向についてのグラフです。1から5までの5段階ですから、3が中央値とすれば、すべての項目は3以上なので、あてはまる傾向が高いと言えます。6のネットリテラシーは、きわめて高い数値ですから、中学生や高校生はかなり高いネットリテラシーを持っています。

この調査項目は、⑪ウェブサイトからの誘いには適切に判断して対処できる、⑫個人情報などをネットに流さないような判断をしている、というリテラシーなので、適切に判断していると言えます。このネットリテラシーがオンライン学習の基礎ですから、今後、オンライン学習を展開できる可能性は高いと考えられます。

次が1から3の項目で、1の困難に向かう力、2の計画性、3の自制心は、3.5程度の数値なので、やや高いと言えます。①オンラインでも目標を設定して地道に達成していく、③オンラインでも先のことを考えて計画的に行動する、

⑤自宅にいて楽しいことがあっても状況を考えて我慢する、⑥自宅にいて誘惑があっても今やるべきことを先にやる、など、かなり自制心を持ってオンライン学習に取り組んでいます。目標を持っている生徒は、現在の状況を正しく判断して、どこか自分を納得させていると想像できます。

　たぶん、その裏には、怠けたい、楽をしたい、逃げたいなどの気持ちもあると思いますが、その気持ちとの葛藤が推察できます。その意味では、生徒を信用してよい、疑心暗鬼で見なくてよい、と思える結果になっています。第1節で述べたように、先生方が、登校した生徒を見て、こんなに溌溂として勉強に向かう姿に感銘を覚えた、という声の裏付けになっています。

　最後は、4の学習の感覚と5の連帯感です。実は、これがオンラインの特徴をよく表しているのです。そのためには、調査項目ごとにグラフ化する必要があります。その図を、図4に示します。

　問題は、4の学習の感覚と5の連帯感なのです。他の項目は、その項目内の2つの質問項目間に大きな差はないのですが、特に5の⑨と⑩の差が極端に大きいのです。⑨オンラインでも友達とコミュニケーションするとやる気がでるは、3.81と高く、⑩オンラインでも同じ学校やクラスにいる感覚がするは、2.64と極端に低いのです。これは何を意味しているのでしょうか。オンラインは、現実の学校やクラスとは同じではない、と言っているのです。

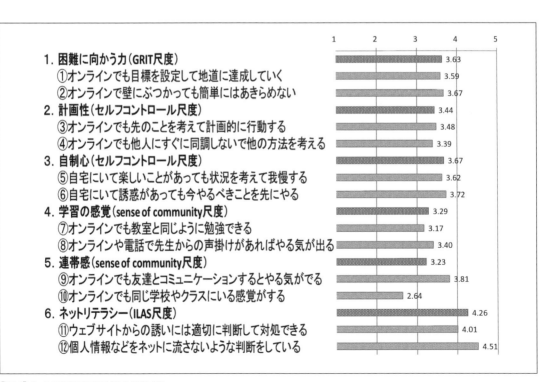

[図4]すべての調査項目毎の平均値

その同じという意味が重要です。

　学校やクラスでは、友達とのつながりは当然ながら、教室の机の配置、教室の窓から見える外の風景、休み時間での友達との他愛のない会話、厳しい教師の目線から感じる緊張感、授業時間を告げるチャイム、給食や弁当の楽しい時間、夢中になって走る校庭、どれをとっても、現実の学校の姿なのです。その現実感、匂い、質感が、オンラインでは感じられない、ということです。昔の歌詞にあるように、「秋の日の図書館」や「ノートとインクのにおい」は、現実の学校の感覚なのです。

　第1節で、学校はすべて美しい環境で囲まれている、それは家庭とは別の世界だと書きました。その中にいるから、子供たちは学びという営みを続けることができる、家庭ではその環境が欠けているので、自らが目標を設定し自らが教師となって自分を見つめるというGRITや自制心が必要で、その力の差によって大きな格差が生じると書きました。この調査で、生徒たちは、学校とは、友達とは、先生とは、校則とは、学ぶとは、何かと自問しているのです。そして、その存在理由について自らが回答しています。それは、今後大きな力となるでしょう。

　4の学習の感覚も興味深い結果を示しています。⑦オンラインでも教室と同じように勉強できるは、3.17であり、⑧オンラインや電話で先生からの声掛けがあればやる気が出るは、3.40で比較的高い数値を示しています。⑧は生徒と教員間のつながりですので、⑨の友達とのつながりの3.81よりは低い値ですが、学習意欲は、友達や教員とつながることで維持できることを示しています。

　⑦のオンラインでも同じように勉強できると答えているのは、興味深い結果なのです。教室と同じように、知識を得るとか、思考するとか、探求するなどは、オンラインでもできる、と回答しているのです。これは認知に関わる学習です。時間割に添って授業するのは、教室でもオンラインでも同じ感覚だと、回答しています。つまり学力という視点では、あまり変わらないのではないか、と考えても良いのです。といっても、3.17ですから、中央値の3.0より少しだけ高い数値なので、そのような傾向があると言う程度ですが、今後の学習形態に示唆を与えています。

　学校は学力だけでなく、文字通り生きる力を育むことを目指して教育課程を編成していますので、そのためには学校で対面による授業を中心とすることが大切です。オンライン学習は、学力という面だけからみれば、対面の授業に近い効果をもたらすとも言えます。コロナ禍のような、どうしても登校できない状況では、オンライン学習が適しています。まとめれば、対面授業を中心にしながらオンライン学習を必要に応じて併用することが望ましいと言えます。

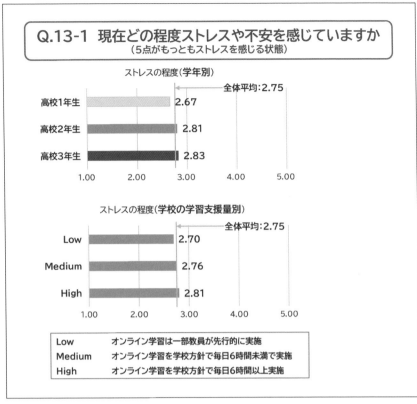

Q.13-1　現在どの程度ストレスや不安を感じていますか
（5点がもっともストレスを感じる状態）

ストレスの程度（学年別）

全体平均：2.75

高校1年生　2.67
高校2年生　2.81
高校3年生　2.83

1.00　2.00　3.00　4.00　5.00

ストレスの程度（学校の学習支援量別）

全体平均：2.75

Low　　2.70
Medium　2.76
High　　2.81

1.00　2.00　3.00　4.00　5.00

Low	オンライン学習は一部教員が先行的に実施
Medium	オンライン学習を学校方針で毎日6時間未満で実施
High	オンライン学習を学校方針で毎日6時間以上実施

[図5] ストレスや不安を感じる程度

(2) ストレスを感じる程度

　オンライン学習で、どれほど生徒はストレスを感じているか、の調査結果を図5に示します。1から5までの中央値が3ですから、3以下であれば、それほどストレスを感じていない結果になります。図5のように、3以下の数値であり、私たちが心配するよりは、低い値になっています。これは、どのように解釈すればいいのでしょうか。

　たぶんストレスは感じているはずです。しかし、先の図で見たように、ネットリテラシーが高く、目標を持って計画的に進めていく自制心もかなり高いことから、ストレスを感じながらも、そのストレスを克服しているのではないでしょうか。先に、中学生や高校生を信頼していいのではないか、と書きましたが、葛藤しながらも自立していったと、解釈できそうです。それは、生徒にとって、ある意味でオンライン学習の経験によって得た貴重な財産かもしれません。

　興味深いのは、学習支援量による差の比較です。学習支援量とは、LOWは1部の教員がオンライン学習を実施、Mediumは毎日6時間未満で実施、Highは毎日6時間以上で実施の量的レベルのことです。結果では、学習支

41

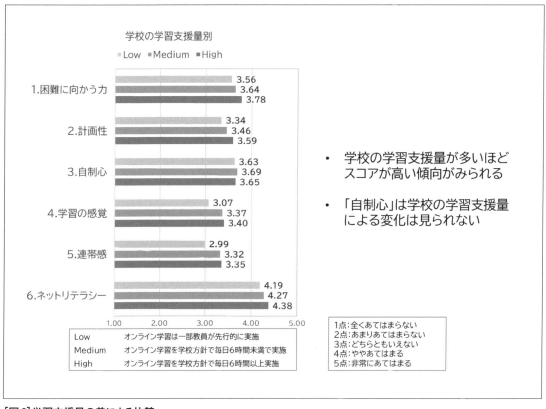

[図6]学習支援量の差による比較

援量による差はほとんどなかったのです。推測ですが、先に述べたように、自制心ができている生徒は、どのような状況においても自分で計画し目標を持ち自立した学習ができると仮定すれば、オンライン学習の量には左右されないことになります。

支援とは後押しのことですから、自立した生徒には必要ではあるが、必須ではないような結果を示しています。支援とは、支援しなくて済むことを目標にして、つまり自立することを目指して支援することですから、この結果は、自立して自分で生きていける生徒たちが多いとも言えます。しかし自由記述では、自分との葛藤を書いていますので、そこに至るまでの厳しさはあったのではないでしょうか。

(3) 学習支援量による全体の項目の比較

先に示したように、学習支援量の差による比較を、すべての項目について図6に示します。

図6に示すように、学習支援量が多いほどスコアが高い、つまり困難に向かう力や学習の感覚、連帯感、ネットリテラシーが高い傾向が見られます。

友人との繋がり

・**友だちと会って話せないことがストレス。**
　たまに友達とオンラインでお喋りすることを心がけている。

・情報管理とコミュニケーションを目的に**友達と情報共有**をしたり、
　迷惑にならない程度に友達と連絡を取り合って助け合いながら過ごしたりしている。

・新しいクラスメートと会っていないので**友達が作れるか不安。**

コミュニケーションの少なさ

・学校へ行って友達と**コミュニケーションをとることができない**ので
　新しいクラスの友達とも仲良くなれるか心配です。

・先生ともメールを通してコミュニケーションをとるため、
　あまり融通がきかないなと思うことがあった。

・学校の先生と**zoom**で進路の二者面談をしたり、
　授業に関するメールを送ったり、**人生相談**をしたり、
　信頼のできる大人とコミュニケーションがとれているので**ストレスが軽減**されている。

課題の多さ

・**1週間で課題をドンと多く出される、**
　日頃から出されていない量を出されるから中々慣れない。

・普段と違う授業状況での**多量の課題**がストレス。

授業への不安、受験への不安

・学校に行っていないので**自分の学力状況が今どのあたりなのか分からない**ことです。

・オンライン授業を受けていても友達はどのような勉強をしているのかわからないので
　自分の勉強の進み具合が遅くないか不安になる。

・どんどん学力が落ちているような気がして**自分がだめだと思い**、ただただ落ち込む。

その他（特徴的な声）

・この期間があったから**成長できた**と後々言えるように、日々勉強に励んでいる。

・毎日成績を一番伸ばしたい数学はオンライン授業の前の2時間取り組んでいる。

・**映像授業で十分だと思う。**
　友達とはいくらでも通話できるんだから、授業を通じる必要はない。

[図7]自由記述の内容

ただし、図6に示してあるように、自制心は学校の支援量による差は見られない、という結果でした。
　先に述べたように、自立した生徒にとって支援は必要な対応方法であるが必須ではない、という結果と同じと言えます。全体的には、学習支援をした方が、良い結果を示していますので、大切なことであることは言うまでもありません。ただし、図6は相関関係を示していますが、因果関係ではないので、学習支援があったから、困難に向かう力が伸びたとか、ネットリテラシーが向上したというわけではないので、注意してください。

43

(4) 自由記述に見られる特徴

　最後に、自由記述の内容の特徴を図7に示します。図7にあるように、生徒の赤裸々な声が聞こえます。やはり、コミュニケーションができないこと、友達との連絡がないことが、かなり生徒たちを苦しめているようです。つながり、が学習の前提として無ければ、オンライン学習は成り立たないことが分かります。課題量が多く、それを自分でこなしていくためには自制心を持たなければならないので、かなり厳しいと感じているようです。また、自分がどこの位置にいるのか、クラスメートの学習の進捗状況はどうかなども、不安になる要因のようです。生徒たちが葛藤している様子が、読み取れます。

4.　まとめ

　以上、ベネッセ教育総合研究所との共同研究の結果の概要を述べました。詳細は図1のサイトを見ていただくとして、まとめます。

　第一は、中学高校生のネットリテラシーは高く、オンライン学習を実施する上での基礎的な条件はできていると考えられます。一般には、ネットリテラシーの欠如を心配する声もあり、オンライン学習だけではなく、ネットにアクセスして学習することを躊躇する学校もありますが、再考する方がいいのではないかと、この調査は示唆しています。

　中学高校生は、意外なほど、きちんとしていてネット情報に惑わされないので、デジタルネイティブの生徒たちは、良いも悪いも知ってネットを活用している、とも考えられます。

　第二は、GRITのような我慢する力や最後までやり抜く力や自己規制する力は、予想よりも高いことが挙げられます。思っている以上に、中学高校生は、自分を見つめていて、どう判断したらいいのか、どう学習を進めばいいのか、というメタ認知能力が身に付いているのではないか、とも考えられます。この力は、将来にわたって、生徒たちが自立する上で必須の能力であり、伸ばしていきたい力と言えます。

　ただし、この調査はオンライン学習を実施している学校を対象としていますので、オンライン学習を実施していない学校については、GRITや自制心などは、この調査結果よりは低いのではないかと推測されます。

　第三は、オンライン学習は、対面の授業とは異なるという結果です。そのまま代用にはならないと言っても良いのですが、仮想と現実との違いとも言えます。現在の学校教育の目標は、生きる力のように、教科学力だけでなく学び方や学びに向かう力のように、認知や非認知も含んだ全人格的な力なの

で、そのためには学校という現実世界が必要になります。

　しかし認知的な学力の面では、オンライン学習でも対面に近い効果をもたらすようです。これからは、対面授業を中心にしながらも、オンライン学習との併用が求められると言えます。そのためには、第1節で述べたように、同期型だけでなく非同期型のオンライン学習も導入する必要があります。

　第四は、友達とのコミュニケーションの重要性です。家庭での一人だけの学習では、孤独になることで、かなりのストレスを感じています。SNSなどで交流することで、孤独や焦りから解放されています。

　第五は、オンライン学習によるストレスは、予想よりも低いという結果です。それは、生徒自身がそのストレスを克服しているのかもしれません。あるいは、少しずつ自己成長して、自立しているのかもしれません。

　もし自立ができていれば、それは将来に生きる力に役立つことになるはずで、オンライン学習は、その意味では良い経験になったかもしれません。自由記述では、不安になりながらも、なんとか克服していく生徒の気持ちが書かれていましたが、それは大きな財産になるでしょう。

　最後に、学習支援は全体的に効果があります。因果関係は分かりませんが、生徒たちの目標に向かう力や計画的に実行する力や学習を継続する力に役立っているようです。

　いずれにしても、生徒たちが自立することを支援することが、オンライン学習の目標でもありますので、この調査結果はそれを実証しているように思えます。

オンライン学習の授業デザイン

1. 授業デザインの方法

　授業デザインは、単元や授業や指導案のイメージがありますが、広く言えば新学習指導要領のキーワードであるカリキュラムマネージメントにも通じる言葉です。教育工学の分野では、古くから授業設計という言葉が用いられていました。それは、インストラクショナルデザイン(Instructional Design：ID) の日本語訳ですが、カリキュラムや単元や授業をどう設計するかの研究分野です [注1]。

　このIDを中心とする研究は、コンピュータやインターネットなどのICTの進展にしたがってメディアや情報手段の影響が大きくなり、教育工学と呼ばれるようになりました。日本でも関連学会や団体ができて、教育工学は研究的にも実践的にも大きく発展しています。

　IDはISD (Instructional System Design) とも呼ばれます。このシステムの言葉が示すように、科学的で体系的な方法を求めてきたのです。著名なスキナーが学習の科学と教授法の本を出版したのは1954年ですから、それまでは学習は科学でなく、他人に伝達できない名人芸だったのです [注2]。

　このスキナーの科学的アプローチを元にしてISDが誕生したと言ってもよいのですが、最近ではISDとは別の方法論も注目されてきました。それは、デザイン基盤研究(Design-based Research：DBR) と呼ばれる方法論です [注3][注4]。

　本書では、単にデザイン研究と呼びますが、その考え方は、デザイン思考に近いと思われます。デザイン思考は今流行の感があるほど注目されていますが、デザイナーの思考方法と考えてもよいのです。科学やICTというシステムの考え方とデザイナーとは、語感から分かるように、発想法が別なのです。ISDは1つずつステップを踏んでという論理的思考による設計法なので工学的発想なのですが、デザイナーは直感とか共感などによって作品をデザインするので、出発点が異なるのです。

　PDCAサイクル(Plan-Do-Check-Act)は共通なのですが、その発想が異なるので、デザイン思考を簡単に説明して、これを授業デザインにどう生かすかを述べます。図1をご覧ください。デザイン思考では、このような図がよく用いられます。

[注1]
例えば、赤堀侃司 (2006)、授業の基礎としてのインストラクショナルデザイン、日本視聴覚教育協会

[注2]
Skinner, B. F. (1954). The science of learning and the art of teaching. Harvard Educational Review, 24, 86–97.

[注3]
Design-Based Research Collective. (2003). Design-based research: An emerging paradigm for educational inquiry. Educational Researcher, 32 (1) , 5-8, 35-37.

[注4]
Akahori Kanji. (2011) Revised Design-Based Research Methodology for College Course Improvement and Application to Education Courses in Japan, Educational Technology 51 (6) 26 – 33.

①共感

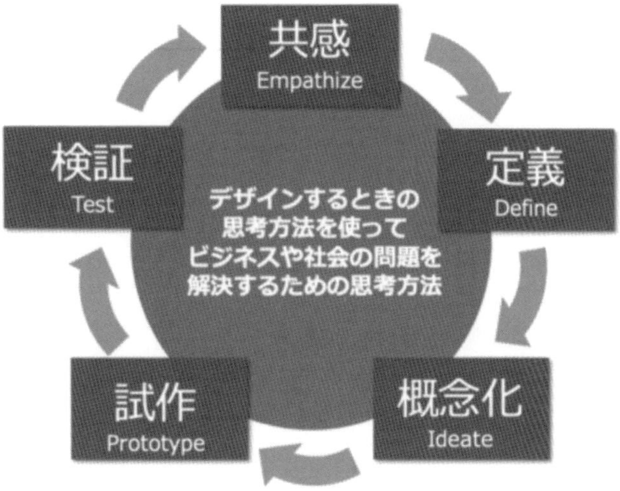

　始めに、共感があることに注目してください。共感とはビジネスでは顧客と製品開発者がお互いに共感することです。教育では、子供たちと教員が共感することです。デザイン研究では、研究者と現場の教員が一緒になって共感して授業デザインしますが、これがポイントなのです。

　ある大学でオンライン授業を導入しましたが、白けて一方通行の講義になって困ったという声を聞きました。実は、受講生は学部の1年生だったのです。学生も教員も誰も顔も知っていないので、お互いが共感も共有も何もできていないのですから、白けるのは当然なのです。これはオンラインでも対面の教室でも同じです。

[図1] デザイン思考の模式図

「ITソリューション塾」より引用
https://blogs.itmedia.co.jp/itsolutionjuku/2019/09/post_730.html

　まず、共に感じることから始めなければうまくいきません。学校でも教室でも家庭でも、その構成員が同じものを感じていることが肝心です。その同じものとは課題でも問題でも目標でも何でもよいのです。ISDでは、目標から出発しますが、目標を言われても、お互いが何も感じなければ前に進みません。受講生がお互いに顔見知りのない始めの授業では、アイスブレイクから始めます。それは共感のステップなのです。特にオンラインでは、つながりの感覚が大切なことは、第1節でも第2節でも述べました。

②定義

　次が定義です。課題や問題を出し合うのです。これが問題だと同定します。KJ法のようなカードで整理して、いくつかの問題を同定して定義します。デザイン研究では、研究者と教員が一緒になってブレーンストーミングをして問題をリストアップしますが、同じです。

　その課題は、多くの視点から見る必要があります。ビジネスでは、市場調査や顧客への直接インタビューや顧客に直接に接している店員さんの印象などを、参考にします。学校では、子供たちの現状、住んでいる地域の特徴、保護者の要望などを参考にして、現状の問題点や課題を明確にしますが、これが定義です。

③概念化

　概念化とは、課題を解決するためのアイデアを出すことです。この場合も、ビジネスでは担当者が議論をしてアイデアを算出するのですが、学校でも同じです。ただし、デザイン研究では、少しニュアンスが異なります。研究者と現場の教員が一緒になって解決案を算出するのです。研究者はこれまでの学習理論や研究知見を出し、現場の教員はこれまでの経験的な実践知を出して、概念として作り上げるのです。

　つまり異なる視点が新しいアイデアを創出する可能性が高い、という仮説に立っています。欧米の大学などでは、いろいろな課題を教員と学生が一緒になって解決策を求めることがあります。

　学生も教室で学習するだけでなく、社会に出て現実世界を見ることで、教室と現実、教科書と実践知を関連付けることができます。新しい概念化は、同質の世界からだけでは創出できないことが、ポイントになっています。

④試作

　ビジネスでは、プロトタイプを作ってテストすることですが、学校でもほぼ同じで、創出されたアイデア、それは新しい教材、新しいメディア、新しい環境、新しい指導法などかもしれませんが、その方法を実際に実施するステップです。学校の現場では、実践の場で試すことになります。実際にやってみて、どうであったかをチェックすることになります。子供の反応はどうか、教員としての印象はどうか、参観者がいればその反応はどうかなど、校内の研究授業に似ています。

⑤検証化

　ビジネスでも学校でも同じで、その結果を確認しますが、校内研究では、授業後の教員による研究協議に相当します。ここでは多様な意見が出て、今後の授業改善にフィードバックします。そして、これを繰り返すことで、さらに高いレベルの目標設定をしますが、日本では研究授業が当たり前なので、この段階では目新しさはないのですが、海外では、この授業研究はLesson Studyとして注目されています。

　以上でおよその授業デザインはイメージできると思いますが、オンライン学習においては、どのようなことを注意すればいいか、いくつかの観点で以下に述べます。

2. 目標の設定

　先に述べたように、学校全体で目標を設定しますが、始めは共感です。何かお互いに感じていることの共有です。休校になった、子供たちとどう連

絡をとったらいいか、登校しても子供間の距離を取らなければならない、どのような方法が良いか、オンライン学習では1人1台の端末が必要だが、端末がない家庭はどうしたらいいか、登下校の密の状態はどう指導したらいいか、もし教員や子供たちにPCR検査で陽性反応が出た時は、どう対応したらいいか、オンライン学習を実施したいが、どのようなツールが必要なのか、誰に相談したらいいのかなど、数えればきりがありません。

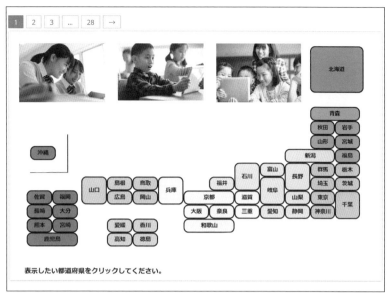

[図2] GIGA HUB WEBのページ
https://giga.ictconnect21.jp

　ただ、この意識が重要で、誰も同じように感じていることで、お互いの意見を受けとめることができますし、出し合うことができます。何も課題を感じなければ、何も議論できないことは当然です。先に述べたように、いろいろな角度から情報を集め、異なる視点からも考え、学校での目標を設定することが必要です。

①情報を集める

　1人1台の端末はどのように整備したらいいのか、教員はどのようにICTスキルを習得したらいいのか、専門家の意見も聞きたいし、他の教育委員会や学校はどうしているのだろうか、と課題が出てきます。例えば、図2をご覧ください。

　私が関わっている一般社団法人ICT CONNECT 21という教育団体では、全国市町村の端末の整備や取り組み状況がすぐに調べられるサイトを立ち上げています。図2のように、日本地図の都道府県をクリックすると、さらに市町村が表示されて状況が直ちに分かります。

　このサイトは、検索サイトでGIGA HUBと入力すれば直ちに検索できます。GIGAは文部科学省が進めているGIGAスクール構想である1人1台の端末の整備を意味し、HUBは、ハブ空港と同じで、拠点となる空港から他の空港に飛んでいくことですから、このGIGA HUBのサイトにアクセスすれば、どの地域の情報も得られます、という意味です。

[図3] オンライン学習の例

このようなサイトは、探せば他にもあるでしょう。情報を集めて、校内で課題を整理して目標を決めて共有することです。これは、オンライン学習に限りません。一般のカリキュラムマネージメントでも同じです。子供たちの実態、地域の特性、現状の課題などを洗い出し、他校の情報を集め、自分たちの学校の目標を設定することになります。

②目的と手段を混同しない

よく言われることですが、目的と手段を混同しないことです。1人1台の端末が整備できないので、休校中のオンライン学習は中止します、登校中も子供たちの間の距離が確保できないので、話し合い活動は中止します、など決定するのはいかがなものかと思います。

端末は道具であり、話し合い活動も手段や方法に過ぎません。できないからという理由で中止するのではなく、目的は何かを念頭におくのです。学校で余っている端末はないか、余っているモバイルルータはないか、それも無ければ、家庭にパソコンは無いか、子供はスマホを持っていないかなど、手段はいくらでも探せます。

およその調査では、スマホまで入れれば、1クラスに1人程度の端末が用意できない状態です。もちろん、すべての子供たちに学習するチャンスを与える必要があるので、教員所有のパソコンやPTAのボランティアでパソコンを貸し出した事例もあります。家庭で母親のスマホを借りてオンライン出席をした子供もいました。オンライン出席を実施したことで、子供は学校とのつながりを意識できて、長い休校中、クラス全員の子供たちが1人も欠席することなく、規則正しい生活を送った事例もあります。

目的は何なのか、もしパソコンの設定が苦手なら、身近に専門家はいないか、インターネットで調べられないかなど、いろいろ方法を考えることができます。目的を忘れると、手段も思い付かないのです。

③イメージ化する

オンライン学習を実施したいと思っても、イメージが無ければ目標設定ができにくいのです。目標からトップダウンに下位目標を作って、という手順で、きれいな設計図ができますが、どのようなイメージを持っているかによって、

実現性が変わってきます。対面の授業は、教員ならば誰でもイメージを共有できますが、オンライン学習では共有できるかどうか分かりません。

リアルタイムに双方向で行う同期型なのか、オンデマンドでいつでもアクセスできる非同期型なのか、でも異なります。また、同期型でも経験したことがない教員には、雲を掴むような話なのです。目標設定するなら、教員間でイメージを共有しましょう。そのためには、言葉ではなく、デモや実際を見てイメージ化するのです。

図3をご覧ください。これは、私の家族でオンライン学習をしたパソコン画面です。東京では3カ月間も休校が続きました。私事で恐縮ですが、都内で生活している2家族と埼玉県の自宅を入れて3家族10名で、オンライン学習を毎週末に8回実施しました。

図3を見れば、オンライン学習が初めての教員でもイメージは分かると思います。俳句のテーマですが、そのお題は図3にある通りです。このお題は、実際の画面ではなく写真に貼り付けたものです。画面の左上では、家族で話し合って作った俳句を紙に書いて見せています。小学生の孫たちも喜んでいましたが、母親と父親も子供たちと相談しあっていました。この時の私の授業目標は、と問われれば、コロナ禍であっても家族が仲良く生活することです。

図3を見れば、音声も映像も家庭の背景も画面の中で見られるので、このような形で授業をすればいいのか、というイメージが膨らむと思います。同期型とか双方向型とかの言葉だけでは、伝わらないのです。イメージができれば、自分ならこんな授業をやってみたい、とアイデアが出てきます。なお、写真中の家族には、肖像権についてすべて承諾を得ています。

④目標・活動・成果を「見える化」する

目標を設定して、どのような活動で実現するか、その成果はどのように調べるか、は関連し合っていますので、これらを図示するか、イメージが膨らむように「見える化」することで、授業デザインを作りやすいのです。教科内容によって異なりますが、活動を「見える化」すると、分かりやすいと思います。

オンライン学習では、このような活動をさせたい、と思えば、スケッチでも良いし、インターネットで教材を検索してプレゼンテーションソフトに貼り付けてもよいし、関連する資料も貼り付けて、そこにメモ書きでも添えておけば、およその概念が出来上がります。

実は、この原稿は、すべてこの方法で書いています。私は、いきなり原稿は書けないので、資料や写真や関連文献などのキーワードだけをプレゼンテーションソフトに貼り付けて、それを見ながら原稿を書いています。それは、イメージを始めに念頭において、つまりそれを骨格(コア)にして、その周囲を言葉という論理的な流れで修飾する作業に似ています。

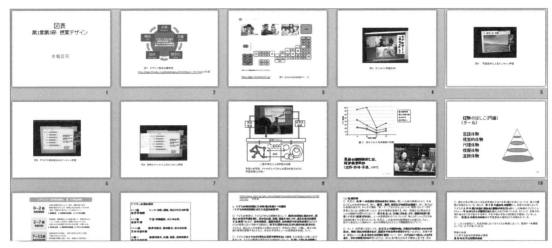

[図4]授業デザインのためのイメージ化の例

　図4は、この節のための図表一覧ですが、実際に用いる図表だけではありません。関連する資料も一緒に保存します。

　この図表で、どのような活動をするか、どのような成果が期待できるか、イメージを膨らませるのです。見ていると、新しいアイデアも生まれてきて、別の資料を探すなど授業デザインに役立ちます。

3. メディア特性の理解

　授業デザインには、道具が必要です。特にオンライン学習には、ICTのツールが必要になってきます。この時、メディア特性を理解しておく必要があります。

　図5は、先に書いた家族で行ったオンライン学習の例の1つで、写真を見ながら俳句を作る教材例です。このような教材は、対面授業でもよく見られる例です。

　画面の中心に大きく写真が提示され、参加者全員で共有できます。同じ写真を3家族で別々の場所で見て話し合っている光景です。文字通り、同じ教室にいるような感覚で、リモートで参加しているのです。

[図5]写真提示によるオンライン学習

右側に参加者の動画が映っています。そこで写真を見て、家族で相談しながら俳句を作ります。片方の家族が作ると別家族がコメントをするという、すぐに考えられる形式ですが、写真の受け止め方は、人によって多様だということを学びます。人には個性がありますが、受け止め方や感じ方もさまざまです。このオンラインでは、3家族間で、始めの五・中の七・終わりの五を交互に読み合いましたが、大人も十分楽しめます。

①情報を組み合わせる

この場合メディアの特性からは、音声が重要だということです。参加者は、この写真を見ながら、どのような俳句を作ったかの音声を聞くので、脳には、写真と音声という2つの情報が入ってきます。脳の中で、この2つの情報がリンクされて、理解しやすくなるのです。これは、二重符号化と呼ばれます。この意味が分かりにくいので、少し解説をします。写真と音声という2つの情報（二重）が、頭の中で共に蓄えられて（符号化）、それらが一緒になって脳が理解するということです。1つよりも2つのほうが理解しやすいのです。

脳は脳細胞でできていて、脳細胞はシナプスでお互いに連結していますが、写真や音声がそのままの形で脳細胞に保存されるわけではなく、脳の特定の部位に、脳細胞間が連結されていて蓄えられている、というイメージです。

人間に見える写真や聞こえる音声が、脳細胞に蓄えられるデータ、脳細胞の電圧が高い・低いというようなデータに変換されることを、符号化（coding）と呼びます。人間が分かる言葉をコンピュータが分かる言葉にするためにプログラムを書きますが、これもcodingと呼ぶことがあります。

オンライン学習では、音声と写真や図や文字などの情報が脳に入力されて、脳内で一緒になって両方で理解できるのです。ラジオの音声だけよりも、写真と音声、テキストと音声、グラフと音声などのように2つの情報が組み合わさると理解しやすいので、これを二重符号化（dual coding）と呼ばれているのです。

多くの研究がありますが、ここでは1つだけ紹介しましょう。英語の学習ですが、日本語の字幕があると分かりやすいので、映画などではよく日本語字幕があります。ストーリーを理解するには日本語字幕が良いのですが、英語学習ではどうでしょうか。図6をご覧ください[注5]。

[注5]
吉野志保，野嶋栄一郎，赤堀侃司（1997），英語の聞き取り場面における字幕付加の効果，日本教育工学雑誌，Vol.21（suppl.），pp.29-32

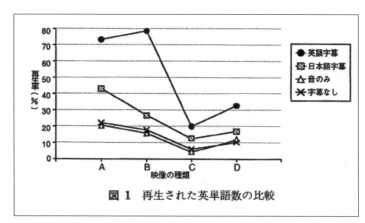

図1 再生された英単語数の比較

[図6]英語動画における字幕の効果

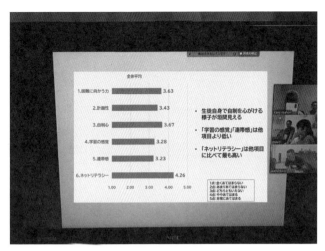

[図7]グラフや資料提示のオンライン学習

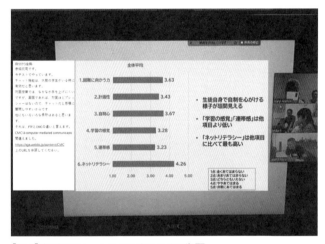

[図8]資料とチャットによるオンライン学習

　AからDまでの4つの英語動画を用意して、大学生に視聴してもらい、視聴後にどの程度覚えているか英単語の再生テストと、どの程度理解しているかのテストを行いました。図6で分かるように、4つの教材のどれも英語字幕のほうが最も効果が高かった、という結果でした。

　この結果の解釈は、英語動画の中の英語の音声と字幕の英語のテキストが、脳内で組み合わさって(二重符号化)理解しやすくなったと、考えられます。日本語字幕はたぶんストーリーは理解しやすいと思いますが、どの英単語がどの場面で用いられていたかという理解の点で劣っていた、という結果です。英語学習では英語で学習すべきだという主張は、その意味で納得できますが、それもテキストと音声の情報の組み合わせにあると思われます。

　実践的には、音声の重要性です。目でテキストを読んで、耳で音声を聞くと、脳内ではテキスト情報と音声情報が一緒になって理解できるので、音声が聞こえないとテキストを自分なりに見ているだけになり、理解に至らないのです。実際には、受講生の端末の設定によって音声が弱く聞き取りにくいことがよくあります。

　その時は、音声の設定を、きちんとその場で教える必要があります。よくある方法は、授業の始めに、私の声は聞こえますか、と問いかけることです。聞こえない、とか画面で手を振ったら、音声の設定の仕方を教えてください。

②情報の組み合わせを多くしない

　先ほど、1つだけの情報よりも2つの情報のほうが、両方が脳内で連結するので、理解しやすいと述べました。ただし、注意すべきことがあります。情報の組み合わせを多くしすぎると、逆に混乱して理解できにくくなります。図7をご覧ください。

　図7では右に受講生がいて、画面の中央にはグラフがあります。これは、

架空に作った画面です。仮に右側の動画に教員がいて、グラフを説明していると仮定します。先の二重符号化によって、教員の音声と画面のグラフの読み取りが組み合わさって、理解しやすくなります。画面中央のグラフをじっくりと観察することができます。

　ただし、少しだけ注意すると、大学の講義などで多いのですが、プレゼンのスライドの送り速度が速すぎて、受講生がついていけないことがあります。受講生は基本的にノートに書いていることを念頭に置かなければなりません。単純に見ている、眺めているだけよりも、ノートするなどの行動を伴うほうが、脳が活性化することはよく知られています。したがって、あまり早くスライドを進めないことに注意してください。

　次に図8をご覧ください。

　図8も、図7と同様に架空に作った画面例です。図7の左側にチャット画面を付加した例です。このような例はよくあります。大人の会議などで大勢の参加者がいる場合、チャット機能を使って質問をするなどの方法で利用されます。対面よりも質問をしやすいので、オンライン会議ではよく使われます。しかし、小中学生の場合は、注意すべき点があります。

　それは、情報の組み合わせを多くしない、ということです。この画面例では、右側の動画の音声、中央のグラフ、左側のテキストの3つの情報があります。音声を聞きながらグラフを見て理解しようとしたら、左のチャットで質問や付加情報が書いてある、インターネットで調べたURLもある、面白そうだからURLをクリックしてみようなど、子供たちの注意を他に向けてしまうのです。

　これは、情報を多く与えすぎて子供たちの注意を発散させてしまう例なのです。認知負荷とも言いますが、情報が多すぎると脳にとって負担になるのでそこから逃げ出したくなるのです。

　大学の講義での私の反省ですが、スライドの送りが早すぎると、学生はノートをしなくなります。学生とすれば、講義を聞く、スライドを見る、ノートする、という3つの操作をしながら、理解するという知的作業をするのです。もしどこかでつまずいて考え始めたら、ついていけなくなり、ノートするのも断念することになるのです。

　まして教員はスライド以外のことを講義したがるので、二重符号化もできず、授業が分からないことになるのですが、教員側は、理解できないのは学生が悪い、という論理で押し通すので、大学のアクティブラーニングが求められるようになったと言っても過言ではありません。

　ある小学校では教科書のページをスクリーンにそのまま投影して効果を上げていました。はい、○○ページを見て、と指示しても、数字を記憶してページを探すのに時間がかかる子供もいます。それよりも、教科書をそのまま提示したほうが、早いのです。認知負荷が少ないので、容易に探せます。子供が画面に集中できるように、認知負荷をあまりかけないように、心掛けま

[図9] 参加者の映像の提示

[図10] 参加者の名前提示

しょう。

③参加者の顔提示

　オンライン学習で注意すべき点に、オンライン学習への参加者の顔の映像提示があります。図9と図10をご覧ください。

　図9は参加者の顔の映像提示で、図10は参加者の名前提示です。図9は私の家族10名の顔写真で、当然ながら肖像権の許諾を得ています。両図とも仮想に作った画面例です。一般的には、図9は小中学校で多く、図10は、高校大学などで多い提示の仕方です。小中学校では、出席をとる必要があること、全員の顔を見ながら授業を進めるというスタイルがあるからです。高校大学では、プライバシーの問題があって、自宅の風景をそのまま提示するのは、特に女子学生には、避けるほうが一般的です。

　図10に小学校の1人1台の授業風景を画面中央に提示していますが、教室での対面授業では、教員は常に全体を見て質疑応答しながら授業を進めていくので、図10のような子供たちの表情が見えない画面では、授業にならないのです。これに対して、大学などでは、学生の顔を見ながら授業を進めることは、あまり本質的な意味はありません。

　この顔の映像表示では、小中学校でも一人一人の顔が見えて対面よりも授業がやりやすい、という声もありますが、子供たちは実際にはどのようにしているのか、ノートはどのように書いているのか、おやつなどを側に置いていないか、など気になることが多い、という声もあります。

　図10の画面例は1人1台の端末での授業風景ですが、小中学校ではこのように全体を見ながら、個々の子供たちにも目を配りながら、授業を進めるのが対面授業なので、オンライン学習ではどこか違和感を感じる教員が多いようです。

　大学でも同じような状況もありますが、どちらかと言えば図10のほうが一

般的です。むしろ資料に集中できるので、授業を受けやすいという学生の声もあります。学生は名前表示でよく、教員も図10のように名前かイラスト表示をして、あまり参加者の顔を意識しないで済むほうが、授業をしやすい面があります。

　私事で恐縮ですが、ジョギングをよくしていますが、帽子をかぶる場合とかぶらない場合で、疲れや感覚的な時間が異なるように感じます。帽子をかぶるほうが、時間も短く感じることが多いのです。帽子をかぶって走っていると、周囲の風景が目に入らず、走る道路だけが目に入り、頭の中で原稿のことや仕事のことなどを考えています。帽子をかぶらないと、道路に木の葉が落ちているとか、アジサイの花もそろそろ枯れてきたとか、小学生も下校時間で話し合っているが、密になっていないかなど、先に述べた多くの情報が目に入ってきて、それに気が取られるのです。

　したがって、集中していないので、まだ先がずいぶんあるので休みたい、など雑念が起きてくることが多いのです。図10は、帽子をかぶってジョギングしている姿に似ています。周りの光景は、周囲の学生達の名前表示だけなので、集中するのは画面の中心にある資料なのです。

　上記のように、小中学校と高校大学では、受講生の表示の仕方も注意する必要があります。第1章第2節の、オンラインでも教室と同じように勉強できるが、同じ学校やクラスにいる感覚がしない、という調査結果を思い出してください。この調査は高校生を中心に行った結果です。勉強ができるとは、画面の資料に集中できるからで、同じクラスにいる感覚がしないのは、全体が見えないからで、帽子をかぶって走る道路だけ目に入っている状態に似ていると言えます。

4.　授業の進め方

　インストラクショナルデザインでは教授方略と呼びますが、一般的には学習指導や授業の進め方のことです。この内容は、現場で子供たちに接している教員が専門家です。対面でもオンラインでも、先に述べたメディア特性を理解していれば、基本は同じです。ここでは、オンライン学習に特徴的な指導法について実践例を元に述べます。

①グループ活動を取り入れる

　オンライン学習では、大学でも小中高校でもグループ活動を導入することが多く、効果を上げています。図11に簡単な流れを示します。

　一斉授業など全員を対象にした説明や講義などは、長い時間は飽きがきて、特にオンライン学習では、参加者映像をoffにすることもできるので、自分をコントロールする力の低い受講生は、遊びになってしまいます。グループ

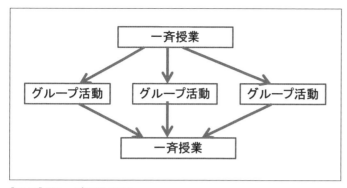

[図11] グループ活動の導入

[図12] 都道府県の学習(その1)

活動では自分が発言できるチャンスが多くなり、話し合いができます。対面でなかなか質問や議論ができないのに、オンラインではさらに難しいのではないか、と思われるかもしれませんが、実はそうではないのです。

　対面よりもオンラインのほうが、発言が多いのです。図9や図10は家族の画面なので少し特別ですが、イメージとしてはこのような画面での対話になり、臨場感があるので、自分をそこに投入しやすい効果があります。自分の元々の考えというよりも、グループの参加者によって脳が刺激されて、これまで閉まっていて自分でも気づかなかった考えが浮かびあがってくるのです。

　対面でも同じなのですが、第1節で述べたように周囲の人の存在そのものがメッセージを発しているので、その場合は、気遣ったり忖度したり相手に合せたりする発言が多くなります。オンラインでは、画面の向こうに人はいますが、そのプレゼンスは対面よりは低いので、比較的自由に発言できるのです。

　図11の全員を対象にした一斉授業ではなかなか発言しにくいので、グループ活動を取り入れることは効果的なのです。ただし、一斉授業においても、質問を引き出す方法はあります。それはチャット機能を使って、音声の代わりに文字で質問する方法ですが、大学生などではこの方法が良いでしょう。チャット機能については、図8をご覧ください。小中高校では、声を出して質問や発言を促すほうが効果的です。

②ネット上の教材を活用する

　ネット上には多くの利用可能な教材があります。オンライン学習ですから、このような教材を活用することも効果的です。図12は、日本地図の都道府県の名前を当てて覚える学習で、どこでもある教材ですが、オンラインで実

施すると子供たちは大変に興味を持って取り組みます。

この画面は、日本地図を仮想的に貼り付けたものですが、実際には都道府県をマウスで示すことができます。ドリルなのですがゲームのような感覚になって、それが学習につながって覚えていきます。子供は興味を持つと、驚くべき速さで覚えていきます。

先に述べた私の家族での実践ですが、画面の向こうで口々に県名を言っている声がよく聞

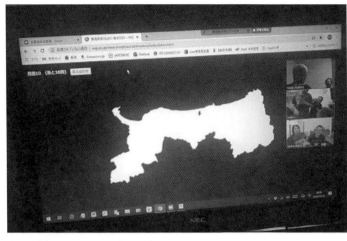

[図13]都道府県の学習(その2)

こえます。間違えた県名は、時々何回か繰り返します。子供たちは、県名の覚え方を学習して、この県の隣、次は東側の県というように地図に順番を割り振るようにして覚えていました。

興味を持つと、1人でも地図を頭の中で描いて言うようになります。県名を覚えることは学習目標ですが、興味を持つことが大切で、興味を持つと覚え方を自分で発見するのです。その学習の仕方の学習が、大切なのです。何故ならば、その学習の仕方は別の単元でも適用できるからです。

図13をご覧ください。これは、都道府県の形を提示してどこかを当てる学習です。これはかなり難しいので、大人も一緒になって話し合っていました。図12では、大人は対話に入ってきませんが、それはよく知っているので当然のことです。

しかし、ここがポイントです。よく知っていることは興味を引き起こさないこと、興味がないと学習の動機付けができないこと、したがって、学習者の現在の水準より少し上の水準の教材や課題が適切だということになります。できれば、子供は、大人のような子供よりも高い水準の人と協同して学習すると効果的だと、気付くでしょう。

ロシアの心理学者で高名なビゴツキーは、その著『思考と言語』の中で、協同学習の意味や、協同学習で到達できる課題の水準について、述べています。このビゴツキーの考え方が、協同学習の理論的な拠り所になっています[注6]。

図13での会話も面白いのです。これは知っているとか知らないとかではないのです。この線の形からすると海に面しているようだ、半島らしい形だとか、推測の手掛かりを話し合っているのです。つまり記憶だけの学習ではないことに、協同学習することの意味があるのです。先と同じように、推測の

[注6]
ビゴツキー著『思考と言語』柴田義松訳、新読書社、2001年

[図14]思考力を問う問題

仕方の学習をしています。大人も知らない形を協同して推測すると、正解率が75%だったことは驚きでした。

もう1つ、子供の学習にも個性があるということです。図12の日本地図と図13の県の形での県名を当てる課題では、図12の日本地図のほうがやさしいと誰でも思いますが、それは子供によって異なるのです。形のほうが得意な子供と日本地図のほうが得意な子供がいましたので、それは子供の個性によるのです。大人や教員の論理で、子供の思考を決めつけてはいけないことを、私自身も学んだのです。

③正解を教えない

私の家族とのオンライン学習の中で正解を教えない課題も実践しましたが、これも効果的です。授業ではなるべく子供のほうから意見を出し、子供たち同士で課題解決の手掛かりを見出し、教員がアドバイスやヒントを与えながら、優れた考えにはコメントでスポットライトを当てて、そこに注目させて目標に到達させる指導法が、日本の小中学校では一般的です。正解を教えるのではなく、子供たち自身で正解にたどり着けるように、援助することが教員の役割です。しかし、その役割自身も止めてしまうのです。図14をご覧ください。

知っている読者も多いと思いますが、「3リットル、7リットル、10リットルのビンがあって、10リットルに水がいっぱい入っています。これを5リットルずつに分けるにはどうしたらいいでしょうか」という問題です。図14は分かりやすいように図示しましたが、実際には口頭で言って考えさせましたが、すぐには解けないのです。

大人も本気で考えて協同学習をしていましたが、予定時間を超えましたので、来週までの宿題にしました。本書では図示したので分かりやすいのですが、実際は口頭だけだったので、画面の向こうでは図示しているように見えました。先のビゴツキーの言う水準よりもさらに高い水準になると、協同学習でも正解にたどり着けないのです。

翌週まで待ちました。ある子供は途中であきらめ、ある子供は解いてきました。正解することが目標ではないのです。正解を教えないのは、どこまで持続して考えられるか、です。大人も考えましたが、正解に至らない大人もかなりいました。正解に至れば、それは何か発見したような気持ちになり、高揚した状態になって、たぶん一生正解を忘れないでしょう。何故かと言えば、私自身が子供の時に祖父から問いを出されて、今も覚えているからです。理数が好きになったきっかけだったかもしれません。

研究者とか科学者とか呼ばれる人は、このような体験を続けている人です。そこで長考3時間、と書かれた将棋の新聞記事を読んだことがありますが、同じことだと思います。私の家族にも同じような体験をしてほしかったからです。したがって、本書でも正解は書きません。ただし、ヒントは書きます。

図15をご覧ください。これは、有名なデールの経験のはしご、とか円錐と呼ばれる図です。視聴覚教育ではよく用いられる考えで、土台は直接体験で上に行くにしたがって抽象的な体験になるので、子供にとって理解が難しくなります。そこで、その間に代理体験や視聴覚的体験を経由することで理解を援助することができる、という考えです。

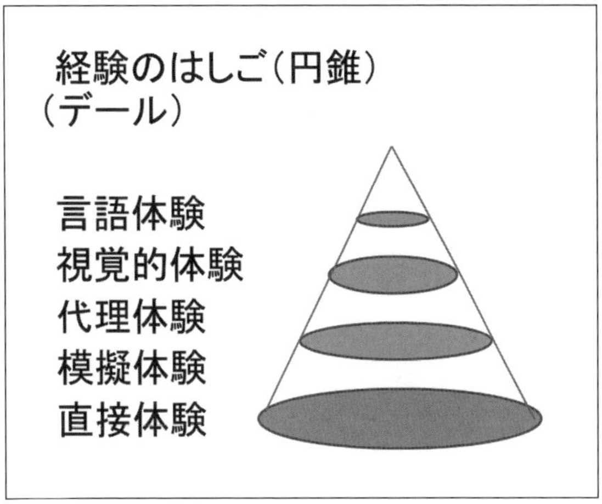

経験のはしご（円錐）
（デール）

言語体験
視覚的体験
代理体験
模擬体験
直接体験

[図15]経験のはしご

私たちの経験でも、納得できます。直接に体験したことは忘れがたく、言葉だけの説明などはすぐに忘れてしまいます。先の問題では、文章で問題を提示したのは、抽象的な言語体験に相当します。そこで図14のように図示して、これが視覚的体験なのでイメージ化ができるので理解しやすくなります。模擬体験などのように、実際のビンを用意して実際に試みたら、たぶんすぐにヒントが浮かんできて、正解に至るはずです。小学生には、具体的とか体験的とか五感を通して、という指導法は、対面でもオンラインであっても、その通りなのです。

④協力しながら競争する

新型コロナウイルスが猛威をふるっていた頃、数カ月も休校が続いて最も心配だったのは、家庭での親子関係でした。両親は共稼ぎ、在宅勤務、子供も休校で家にいて、しかもStay Homeという教育からすれば学校の指導方針とは真逆の自粛規制が出されて、24時間自宅にいることは誰が考えても尋常ではありません。

学力だけではなく、精神的にも社会的にも、どこかおかしくなるのは不思議ではありません。日本だけでなく世界中の子供たちが、その惨禍におかれている時、なんとかならないかと思い、せめて家族だけでもオンライン学習をしようと思ったのです。2カ月間週末だけの8回ですが、私は即席の小学校教師になりました。その目標は学力ではありません。家族が仲良く生活できることだけです。

したがって、大人も楽しめる課題を探しました。その1つが、漢字の問題で、口に2画を加えてできる漢字を探す問題で、テレビ番組などに出てくるような

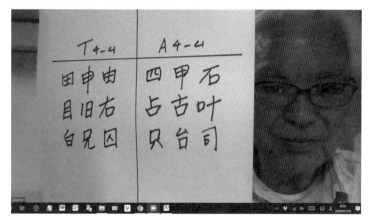

[図16]親子が協力して競う問題

問題です。図16は、回答状況を示している写真です。とっさの時には、このような手書きのほうが便利です。

大人も子供も夢中になりました。何故でしょうか。図16のように、2チームに分けて1分以内という時間制限を設けて、回答を図示したからです。もちろん、スマホや本や辞書などで調べてはいけません。ここまで書くとすぐに分かるように、ゲームになっているのです。

ゲームでは、制限があり、競争することが原則です。1分を超えると、相手チームが答えてもよいので、そこに競争意識が生じると共に、チーム内が協力してまだ出ていない漢字を探すことになります。つまり、協力と競争がこの中に含まれているのです。

しかし競争だけをしているわけではありません。口に2画と言えば、すぐに思い出すのは、田でしょう。田が出れば申、由、甲などが連想されます。そこから石とか右などを思いつくには、線ではないノの文字という飛躍が求められます。台などでは、さらに飛躍が必要になることが分かるでしょう。つまりこれは単なる記憶力の問題ではないのです。

頭の中を探求しているのですが、口に2画という漢字を分析しているのです。その分析も、直線、斜め線、口の中、口の外など、いくつかの分類があって、その中で考えているのです。これも、分析の仕方の学習をしています。結果を覚えることが目的ではありません。日本地図の問題も同じように、結果というよりも考える過程である推論の仕方に意味があります。この漢字も同じで考える過程に意味があります。

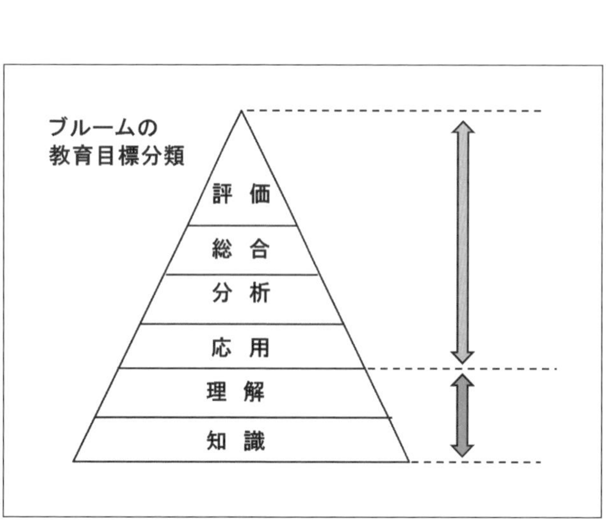

図17は、ブルームの教育目標分類を可視化した図です。ブルームは、教育目標を大きく、認知、運動、情意の3つの領域に分けて、それぞれを下位の目標に分類しましたが、図17は、認知

[図17]ブルームの教育目標分類

的領域の下位目標です。近年ではこの上位に創造を追加したブルームの改訂版もありますが、本書ではこの図で簡単に説明します。ほぼ世界中の教育機関では、このブルームの分類を参照して、教育目標を作成していると言ってもよいでしょう。というよりも、各国で掲げる教育目標は、結果的にブルームの教育目標になる、と言ってもよいと思います。

日本の新学習指導要領では、学力の三要素として、①生きて働く知識・技能の習得、②思考力・判断力・表現力等の育成、③学びに向かう力・人間性等の涵養、を上げています。図17は、およそ①の知識・技能と②思考力・判断力・表現力に対応しています。技能はブルームの運動領域、③の学びに向かう力は、およそブルームの情意的領域に対応すると言ってもよいでしょう。

図17で、下位の知識・理解は基礎的な認知目標、上位の応用から評価までを高次の認知目標と呼ぶことがあります。漢字の学習であっても、何度も書いたり口で言ったりして覚えるという記憶という基礎的な認知目標を目指す指導法もあれば、本教材のように、応用や分析という高次の認知目標を目指す指導法もあります。

このように、指導法や授業デザインによって、教育目標も変わるということです。先に述べたように、両親と子供が一緒になって盛り上がったので、家族が仲良く暮らすという目標は達せられました。

ついでですが、図16には18個の漢字を示しています。27個までありますので、残りの9個は読者の皆さんが挑戦してください。

⑤家庭や地域の素材を活かす

小中学生と高校生・大学生を対象にした授業デザインや指導法が異なることは、当然です。ピアジェの認知発達を持ち出すまでもなく、小学生は、自分の周囲にある事物や環境、家庭でも商店街でも公園でも、親や祖父母や友達などの人でも、地域の行事やお祭りやお墓参りなどでも、子供を取り巻くものすべてから学んでいきます。

それは、教科書でもオンラインでもありません。直接に触れること、つまり五感を通して学ぶのです。高校生や大学生では、直接体験よりも教科書や参考書やインターネットなどの情報環境から学ぶことが多いことは、経験的にも分かります。

そこで、小学生を対象にした私の家族の事例を紹介します。図18をご覧ください。どこの家庭でもある食材と茶碗と本です。この教材は、重さ調べが目的です。ただ重さを秤で測っても、子供は興味を持たないでしょう。始めに、その重さを予想させて、次に秤で実際の重さを測って、その誤差を調べるという授業デザインを考えました。

問題は誤差です。小学何年生で誤差％の学習をするのか知りませんが、

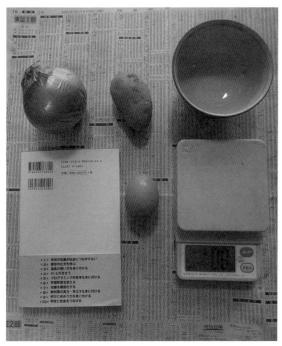

[図18] 重さ調べ（その1）

相談　　はかり　　差(±)
25　　　33　　　8

電卓(スマホ)
$$\frac{8}{33} \times 100 = 24\%$$

	T 4-4	A 4-4
1. ジャガイモ	184%	◎ 8.8%
2. タマネギ	◎ 12%	28.7%
3. 卵	54%	◎ 35.2%
4. 茶ワン	◎ 27%	44.8%
5. 本	26%	◎ 17.5%

[図19] 重さ調べ（その2）

　誤差％を計算することは重要だと考えました。その理由は、同じ玉ねぎでもジャガイモでも重さが違いますので、誤差の％で比較すれば、どのような重さであっても比較ができるからです。

　その方法と結果を図19に示します。2つの家族で親と子供が相談して重さを推測します。次に秤で測って、その差を求めます。誤差の計算の仕方を示して、これは電卓かスマホの計算アプリで計算して良いと伝えます。読者の皆さんも、例えば、卵と茶碗の重さを今推測してみてください。どのくらいでしょうか？　後で秤の結果を示しますので、そこで確かめてください。大人も知らないことは、興味を持ち動機づけされると先に書きましたが、いかがでしょうか。

　このオンライン学習は、大変盛り上がりました。図19の結果を見ると分かりますが、始めのジャガイモの誤差は、2家族では184％と8.8％でした。誤差の結果を言ってもらい、手書きで書いて画面上で見せます。家族内の大人と子供の協力と2チーム間の競争です。図19のように、Aチームは8.8のように少数まで書き、Tチームは整数で書きましたが、面白いことに、ここでも個性が出ています。誤差の小さいほうが勝ちなので、◎を付けています。

　この予想の仕方が面白く、前に測った食材と両手で比較して判断していましたが、文字通り思考力・判断力を育てる教材と言えます。誤差と％については、私は小学校何年生で習うのか知りませんし、実際に子供たちは知りま

せんでした。

しかし、ここがポイントなのです。回数が重なるにつれて、誤差の意味が分かっているような発言が出てきます。配当漢字以外の漢字が出てくるからと、小説を読むことを禁じる親はいないでしょう。先に書いたように、身の回りのすべてに子供たちは働きかけ、そこから学んでいきます。

私たちは、子供は学校で習ったから理解できた、計算できた、と思いがちですが、そこに誤解があるのです。学ぶ環境は、学校だけ

第**1**章 オンライン学習の意義とデザイン

[図20]重さ調べ(その3)

ではありません。環境に働きかけ環境からの反応によって、子供の認知や考え方の枠が出来上がるのです。

ピアジェは、シェマと呼びましたが、重さということ、それは実際に手で触れて感じて、その感覚が脳に送られ、次に秤で重さを測ると、数字としての重さが脳に送られ、その差を計算することで、重さというのは手で感じることもできるが、数値としても表すこともでき、手で感じる重さは正確ではないので差が出てくる、などと学習します。

その学習は1回では無理で、何回も繰り返すことが重要です。繰り返す内に、脳内で、手で感じた重さ、秤で測った重さ、その差が結びついて学習が成立します。このように、脳に重さとは何かという考えの枠ができてきます。そこに誤差%が入ってきます。始めは理解できないでしょうが、繰り返すうちに、誤差とか%はこのような意味なのか、と掴めるようになるのです。

そのような経験は、大人でもしていると思います。使っている内に、そうかと思えるようになること、それは枠と言ってもよいし、ピアジェのシェマと言ってもよいし、現代風ではスキーマとかスキームと言っても良いのです。

学校では、誤差や%はこのようなあいまいな体験だけではなく、きちんと定義して教えますが、学校外や生活の場面では、定義ではなくて経験に基づくスキームの学習がほとんどなのです。大人の社会でも、提案書などでは模式図を書くことが多いですが、スキームと呼ぶこともあります。つまり、この提案書の趣旨はこれなのだ、提案したい本質はこれなのだ、と言葉や定義ではなく頭の中にある枠を図として示すのです。

このように考えると、この誤差%が、学校で習っていなくても、手で触れ、秤で測り、誤差を計算することで、重さのスキームを子供たちが獲得していることが理解されると思います。

なお、この学習は大人も夢中になり、家族で仲良く暮らすという目的には合っていたと思います。さて、秤で測った正確な重さを図20に示しますので、読者の予想と比べてみてください。卵は、58.5グラム、茶碗は169.0グラムでした。

5. まとめ

授業デザインでは、さらに評価の仕方やPDCAサイクルについて述べる必要がありますが、重要なことは書きましたので、以下にまとめます。

①授業デザインでは、教育目標の設定、学習活動、学習指導、評価等の手順で行い、PDCAサイクルで改善する方法が一般的です。その方法の1つとして、最近注目されているデザイン思考を取り上げました。この考えに基づく授業デザインやカリキュラムマネージメントは、デザイン研究とも呼ばれますが、共感する、問題や課題を定義する、概念化して実践してみる、などの手順で行われます。

②オンライン学習における授業デザインでは、多くの課題がありますので、他の学校や教育委員会での取り組みを参考にすることが重要になります。GIGA HUBのサイトを事例として、1人1台の端末やルータなどの整備について有益な情報が得られやすいことを述べました。

③目標の設定では、オンライン学習は未知数のことが多いので情報を集めること、目的と手段を混同しないこと、イメージ化すること、目標・活動・成果を「見える化」することが、重要です。

これまでも学校の教育目標を立てる時は、教員、保護者、有識者、子供たちなどの多様な意見を反映しています。それは、集合知に価値を見出しているからです。

また目的を念頭において計画を立てれば、途中でぶれることはありません。手段だけでは、予算が切れれば終わり、になってしまうこともあります。イメージ化では、言葉よりも図や写真や略図などの頭で考えていることを表現する方法です。言葉よりもイメージを先行させるほうが、実行しやすいのです。さらに、目標・活動・成果は一体となっているので、活動をイメージ化することが先決です。

④オンライン学習では、特にメディア特性を理解することが重要になります。情報提示では、音声と他の情報を組み合わせることが効果的です。二重符号化と言いますが、2つの情報によって理解が促進されます。

しかし、多すぎると逆効果になります。認知負荷と言いますが、子供に負荷がかかりすぎるので、学習から逃げだしてしまうことになります。さらに、オンライン学習では、参加者の顔が画面に表示されますが、小中学生と高校大学生では、学習効果や個人情報などの影響が異なりますので、注意が必要です。

⑤授業の進め方では、オンライン学習でもグループ活動が効果的です。高校生や大学生は対面では質問が難しいですが、オンラインではむしろ質問が出やすく議論もしやすいので、グループ活動で少人数になると、さらに議論が活発になります。

ネット上の教材を活用することも有効です。ここでも、協同学習を導入することでより高いレベルまで学習することが可能になります。

教材の提示などでは、デールの経験のはしご（円錐）を参考にすると効果的です。深く理解するには最も具体的な直接体験が効果的で、いくつかの段階があり、最も抽象的な体験は言語体験ですが、言葉だけで理解するには言語能力が必要とされます。対面でもオンラインでも同じですが、特にオンラインでは、子供たちは対面と違って自由なので学習から離れてしまうことが多いので、より具体的な経験をさせて興味を持たせることが重要です。

興味を持続させる方法として、協力と競争を組み合わせたゲーム的な授業が効果的です。海外ではGame-based Learningという専門用語があるくらい重要視されていますが、単にゲームとして遊んでいるわけではありません。学習のレベルでは、ブルームの教育目標分類が世界的に参照されていますが、知識の記憶レベルになるか、より高次の推論や分析レベルになるかは、授業デザインに依存します。

最後に、家庭や地域の素材を活かす授業デザインが大切です。オンライン学習では、積極的に家庭や身の回りの素材を活かして、授業を工夫すると効果的です。子供たちが住んでいる家庭や地域は違いますので、その特徴を活かすと学校ではできない学習も可能になります。その時に、未学習の内容も入ることもありますが、あまり気にする必要はありません。子供たちは、日常生活と同じように、五感による体験を通して概念を獲得するからです。その概念は素朴概念と呼ばれることもありますが、学校における学習と連携することによって、科学的な概念へと発展するからです。

今後の展開

　第3節までは、オンライン学習の現状や背景となる研究知見などに基づいて、基本的な考え方や調査研究や授業デザインについて、述べてきました。この節では、これからの学校教育におけるオンライン学習の姿について、つまり未来について述べたいと思います。

　第一は、1人1台の端末の整備です。これは、第1節オンライン学習とは何か、でも述べましたが、GIGAスクール構想を早く実現することです。そのためには、私的な端末も利用可能にするBYODを認めることです。端末の違いやOSの違いなどは、近い将来に技術的に解決されます。自分の端末やパソコンやタブレットという、自分の感覚が重要なのです。他ではない自分と一体となったデバイスは、自分の身体の一部と言っても良いのです。

　今のスマホはそのような感覚になっています。若い人からスマホを取り上げたら、パニック状態になるでしょう。それは、自分の体の一部だからです。したがって、正しく使う必要があります。遊びや生活用のスマホから学習用のパソコンやタブレットに切り替えるのです。これで、子供たちは正しい端末の使い方ができます。

　図1は、私事で恐縮ですが、1993年頃滞在したカリフォルニア大学アーバイン校のキャンパス風景です。カリフォルニアの空はいつも青く、広いキャンパスは緑の芝生で覆われていて、手にパソコンを持ち、背中にリュックをしょって歩いている学生の姿が、典型的なキャンパスの光景です。この光景が好きで、私は勝手にキャンパスモデルと名付けていました。

　一言でいえば、自由ということです。教授も、同じスタイルでキャンパス内を動いています。図書館に行く時、カフェテラスで昼食をとる時、キャンパス内のベンチで座っている時、芝生に横になって学生仲間が談笑している時、必ず側にパソコンがありました。パソコンを友として、いつでもどこでも学べる環境の中にいること、それは自由という言葉がよく似合っています。

　日本もこのような大学になれば、すべての学校がこのような自由な環境になれば、もっと伸び伸びと研究したり授業を受けたりすることができると思い、それを一言でキャンパスモデルと呼んでいたのです。私には、パソコンが青い空と緑の芝生のキャンパスと自由が結びついています。

　1人1台の端末は、もっと自由にするなら、規格や機種や価格は抜きにしてBYODを導入して技術的に支援する仕組みのほうが、現実的のような気が

します。何よりも子供たち
が、いつでもどこでも分身
のように自由に使えるよう
にすることが肝心ではない
かと思います。

第二は、小中学校では、
対面を中心にしてオンライ
ン学習を併用することで
す。コロナ禍だけでなく、
大型台風や大地震などい
つ起こっても不思議ではな
い現状において、対面だ
けの授業で今後も維持で
きる保証はありません。通

[図1]カリフォルニア大学アーバイン校のキャンパス風景

常登校になっても、オンライン授業を併用することが望ましいのです。

　大規模な自然災害や感染症の発生に対しても、今から対応する準備が必
要です。急にオンライン学習と言われても、日常的に利用していないと戸惑
うばかりです。すぐに時間が経ってしまい、子供たちの学びが完全に止まっ
てしまいます。ICT 教育が普及している国では、休校措置以降1週間以内
でオンライン学習に切り替えたと聞きました。日本でも事情は同じで、すぐに
対応できる学校もありました。

　双方向のリアルタイムの同期型オンライン学習が難しいならば、非同期型
のオンライン学習を早い時期に導入すべきです。1人1台の端末を整備し、
高速大容量のネット回線が整備されれば、学校と家庭を結ぶことができます。

　同時にクラウドを活用することで、教員も自宅からオンライン学習を実施す
ることができます。大型予算で導入するICT整備ならば、決して税金を無駄
にしてはいけません。有効に活用することが必須です。そのためには第1節
でも述べましたが、学校のメンタルモデルを変える必要があります。

　第三は、高等学校の学校改革です。通常登校になっても、対面授業とオ
ンライン学習を、小中学校以上に併用することです。ここでのオンライン学
習は、双方向の同期型が中心で非同期型も含む形態です。現状の高校生の
特性が変化しています。第2節のオンライン学習の実態調査では、「高校生
が教室と同じように勉強できる」は、中央値よりも高い値であり、「オンライ
ンでも同じ学校やクラスにいる感覚がする」は、かなり低い値でした。

　つまり、勉強する内容についての理解は、対面授業とほぼ変わらない程度
であり、クラスにいる感覚は対面とはかなり劣っていると、答えています。第

2節でも述べましたが、対面では授業だけでなく、友達や教員など学校すべての環境から学んでいます。小中学生という義務教育段階では、この全体から学ぶことが、人格形成や生きる力の育成という観点では大切なことは言うまでもありません。したがって、対面授業が中心になり、オンライン学習は補助的な位置づけになります。

しかし高校生では学習スタイルもさまざまです。実際の高校生への調査では、対面よりもオンライン学習のほうが良い、と答える割合は30％程度でかなり多いのです。これは、何を物語っているのでしょうか。

高校生の学習も生活のスタイルも変わってきているのです。先に述べたように、キャンパスモデルは自由が理念です。自分の特性に応じて、対面授業もオンライン授業も選択できるようにするほうが、現代に合っています。この場合は、当然ながら双方向の同期型で、非同期型は対面授業の補助的な役割です。

現行の規則でも、私も文部科学省の委員会に関わりましたが、高等学校における遠隔教育の在り方について(報告)(平成26年12月)では、「原則として同時双方向型で、74単位のうち36単位を上限として可、配信側の教員は担当教科の免許保持者であり、かつ受信側の高等学校に属する教員等」となっていますので、これを家庭にまで援用すれば、同期型オンライン授業が正規の授業として認定が可能になります。現状では高等学校間、例えば分校とか小規模校などの遠隔授業が対象ですが、これからは、家庭と学校を結ぶ仕組みも念頭においた制度設計も必要かもしれません。

仕事スタイルも生活スタイルも、新しい様式に変わり、私達の意識も変わってきました。新しい学校スタイルが求められています。

第2章

オンライン学習・授業の実践事例

休校期間中に実施されたオンライン授業、PBL（Problem Based Learning）を実践するためのオンライン学習など、各学校の先生方によるさまざまな事例を寄稿していただきました。

印西市立原山小学校

大田原市立大田原小学校

宝仙学園小学校

大阪市立新巽中学校

高槻中学校高等学校

和歌山大学教育学部附属中学校

大阪教育大学附属高等学校天王寺校舎

千代田区立九段中等教育学校

新渡戸文化小中学校・高等学校

オンライン朝の会と
オンライン双方向授業の取り組み

印西市立原山小学校●**松本博幸校長先生**
<ruby>松本博幸<rt>まつもとひろゆき</rt></ruby>

【対象】小学5年生（現6年生）

【使用機器】Chromebook

● 最高学年となる5年生（現6年生）から開始

新型コロナウイルス感染防止のため休校措置が始まった3月。本校では、児童・保護者が抱える学習への不安を解消するため、オンラインでの学習支援を段階的に展開していきしました。まず、対象学年を次年度に最高学年となる5年生（現6年生）から始めることとし、段階的に他の学年に広げていったのです。

本校初めてのオンライン授業の対象となる5年生（現6年生）に、Googleによる「遠隔学習支援プログラム」でのLTE付きの Chromebook 貸し出しと G Suite for Education （以下、G Suite ）のアカウント配布を行いました。ただし、ご家庭で端末をご用意できる場合は、それを活用していただくことにしました。

3月の段階では、児童も担任も Chromebook や G Suite の活用経験がなかったため、校長より担任に対して、活用方法に関する簡単な研修を行

いました。また児童に対しては、時間的な制約から、貸し出し時に担任からアカウントの管理や端末の電源の入れ方、ログインの仕方等の簡単な説明を短時間で行ったのみでした。しかしながら、家庭での端末操作等には大きな戸惑いもトラブルも無く、スムーズにオンラインで情報を共有することができました。

当初は、主に教科等のオンラインドリル問題に取り組むことや学習系動画の視聴をすることを児童に促していました。しかし、その取り組み状況には大きな個人差がありました。また、休校措置が長引く中、児童生徒の健康や安全に対しての支援や、児童生徒の抱く悩みや思いへの対応もより求められるようになってきました。

そこで、年度が変わる4月からは、一方的な情報伝達のためだけにオンラインを活用するのではなく、子供たちとのコミュニケーションをより密にするとともに、多面的に子供たちの心や学習の支援をするために活用することにしました。具体的な取り組みは以下の通りです。

● オンライン朝の会

【科目等】朝の会
【使用アプリ】Google Meet／Google Classroom

Google Meet を用いたオンライン朝の会を、
・学級開きとして、担任と子供たち、そして子供たち同士の関係作りをすること
・子供たち個々の生活や学習の状況を把握すること
・一日の始まりに生活のリズムを整えること
を目的として実施しました。

会議開催の通知には、クラス管理ツール Google Classroom や保護者向けのメールを用いて行うようにし、保護者の方々の支援もいただきながら、子供たちがスムーズに会議へ参加できるようにしました。

実施時間は15～20分程度とし、内容については、健康観察などの生活・健康状況や学習状況の把握や、双方向でのやりとりを共通で行うものとし、他は各担任に任せることにしました。各担任はさまざまな取り組みを通して、「次の朝の会もまた参加したい」と感じてもらえるよう工夫を凝らしていました。その中で、多くの担任が実施していたものをご紹介します。

○クイズやパズル

担任が学習や生活に関係した簡単なクイズやパズルを出題しました。問題をあらかじめ紙に書いておき、カメラを通して提示したり、スライドを使って

画面共有したりとさまざまな方法をとりました。子供たちは、手元の紙や口頭などで回答していました。

○読み聞かせ

子供たちに好評だったのが、担任による読み聞かせでした。5分ほどで読める絵本を選択し、ゆっくりと語るよう心がけました。

○体つくり運動

体のバランスをとる運動や体の柔らかさを高める運動な

ど、室内で安全にできる動きを、担任がカメラの前で見本を見せ、子供たちに一緒に動いてもらうようにしました。外出自粛期間中だったため、自分の体の状態に気づき、体の調子を整えるよい機会になったようです。

○ 課題の確認や質問、悩み相談

その日の学習課題の概要や取り組み方の簡単な説明などをする中で、子供への動機づけや働きかけをしていました。また Google フォーム を使って、生活・健康・学習の簡単なアンケート（選択式や記述式等）を実施しました。

○フリートーク

その日のトピックを示し、それに関する意見などを自由に話す活動です。朝の会が終わってもオンライン会議に残り、フリートークをする子供たちが多くいました。ここでのやりとりを通して、オンラインを活用するときの基本的なルール（オンライン時におけるチャット機能等のルール等）を形成していきました。

これら朝の会の進行は、基本的には担任が行っていましたが、慣れてくれば子供たちに行ってもらうのもよいと感じました。

【科目等】オンライン双方向授業
【使用アプリ】Google Meet ／Google Classroom

● オンライン双方向授業

映像を配信するだけの一方通行の講義ではなく、担任と子供たち、子供たち同士が直接やりとりできるようなオンライン授業を実施することにしました。以下のような形態を織り交ぜながら学習を進めました。

○個々のペースに応じた学習形態

学級全体で課題の確認等をした後は、子供たち個々のペースで学習を進めるようにしました。G Suite の Google Meet は時間制限がないため、担任と子供たちはオンライン状態のままにしておき、随時質問ができるようにしておくのです。担任は、気になる子供に声をかけたり、個別に資料を送ったりしながら支援していました。

○45分を1コマとした問題解決的な学習形態

学級全体で課題の検討を行いながら進める形としました。ただし、担任の大きな負担とならないよう、授業で用意するコンテンツは最小限として、教科書や既存の資料、ノート等をベースに学習を進めるようにしました。また子供一人一人の個人差も十分に考慮して、教室での授業よりもゆっくりと時間をかけて展開するようにしました。

子供たちは、担任の発問に対して口頭で回答したり、自分のノートを見せ合いながら議論したり、ベネッセの「ミライシード」にある協働学習ツールを活用してグループワークをしたり、Google Classroom での資料共有をしたりするなどしながら、学習を進めました。

板書については、黒板を利用したり、このようにミニホワイトボードを活用したりとさまざまに試行錯誤しました。

教科書等の資料を画面共有し、子供の反応を見ながら、それに書き込みをするなども行いました。

授業を進行する際に担任が気を配った点を尋ねたところ、課題を明確にするとともに学習の見通しを持ちやすくすること、タイムラグがあるため教室での授業の時よりもやや遅めにしかも端的に話すこと、会議に参加している人たちの反応は教室のときより少し遅れるので、「待ち」の時間を長くすること、ジェスチャーを大きくすること等でした。また、オンライン双方向授業での新しい気づきもあったようです。それは忘れものが起きないことです。

学習に必要なものは自宅にあります。授業の中で、子供たちが自宅にあるさまざまな本や道具などをすぐに持ち寄り、さらに学習を深めることができたという報告もありました。

● おわりに

　これらオンラインの取り組みには、親子で一緒に参加するご家庭もありました。子供たちがどんな課題に取り組んでいるのか、担任と子供がどのようなやりとりをしているのかを理解していただくよい機会にもなりました。子供たちも、一人の時よりも集中力を発揮する等の効果もありました。また、職員同士で試行錯誤したことを共有し合い、課題の改善に向けて検討を重ねていったことにより、オンラインの取り組みの質とともに職員間の連帯感を高めることができたのも成果でした。

　休校措置中の大変な状況下で、手探り状態から始めたオンラインの取り組みでしたが、今後の教室での学びに活かすことができた有意義な取り組みになったと感じます。

複数の画面があると、資料の提示や受け渡しなどの処理等、子供とのやりとりがスムーズにできるようでした。

『学び(合い)』の環境を保障する
～Office 365を使ったオンライン授業の実践

大田原市立大田原小学校●黒田 充先生（くろ だ みつる）

● アンケートの結果を可視化

　小学校6学年国語科「短歌の学習」での授業事例です。Office 365を活用したオンラインと教科書やワークシートを使ったハイブリット型学習です。1人1台、31人で実施しました。

　単元の学習の前に、学習に関するアンケートやレディネステストをFormsを使って行います。短歌の学習は既習の内容でしたが、「5・7・5・7・7」の31音の形式からなっていることを覚えている児童は多かったのですが、俳句と短歌の違いや作品の楽しみ方に関しての理解が低いことが結果から分かりました。

　事前アンケートの結果をグラフ化(可視化)して、大型モニターに提示しアンケートの結果を学級全体で、すぐにその場で共有することができます。情報を共有することで、自分や学級の課題を理解することができ、学習に入る際にそれぞれが課題をもって学習に取り組むことができました。

【対象】小学6年生
【科目等】国語
【使用アプリ】Forms ／ Teams ／ PowerPoint ／ Flipgrid

事前のアンケート結果などを瞬時に可視化(グラフ化)。教員研修や研究授業の振り返り、保護者アンケート集計等にも活用しています。

教科書やワークシートに載っていない内容の補足やその場で出た児童の意見など、メモ程度の消えてしまってもいい内容のものは黒板を使って記します。

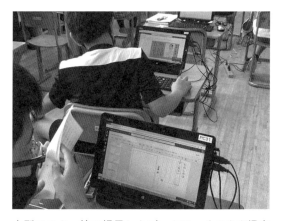

大型モニター等で提示したデータは、そのまま児童用のワークシートとして活用できるように、Power Pointを使って作成します。罫線など編集不可にしたいものはスライドマスタ機能を使って作成しました。

Teamsのチャット機能にリンクを貼って情報を共有し合ったり、アンケート集計をFormsで実施したりする児童の姿も見えてきました。

Teamsの【課題】機能に、ワークシートや画像・動画、ルーブリック評価など学習活動に必要なデータを一括して管理しておきます。

● 「学び合い」が継続

　今までは、アンケート用紙を回収後、集計結果をExcelなどでグラフ化していましたが、Formsはその場ですぐに集計結果を出せて、表やグラフの形で可視化して共有することができるため、教師側の作業の時間短縮にもなりました。

　教科書やワークシートを使っての学習にも取り組みますが、単元の学習の手順や課題解決に必要な資料はTeamsの【課題】に一括してアップしてあり、児童は必要な時に必要な資料にアクセスして学習を進めることができます。学習を進めていくと進度に差が出ることがありますが、進度の速い児童はペースを合わせるために立ち止まっている必要もなくTeamsの【課題】の資料を参考に進めることができました。それ以外の児童には教師が個々に対応することができます。また、学校・教室という限られた空間を離れて家庭で学習を進めたり、深めたりすることができ、それぞれのペース、スペースに合わせて、学習に取り組むことが可能になりました。この学習変革を、子供たちはとても喜んで受け入れていました。家庭環境の差はあるものの、学校の環境下では時間を有効に活用することができたようです。その様子からも子供たちの時間を管理する力をこれまで以上に伸ばす効果が期待できそうだと感じました。

　オンライン授業では、空間の枠だけでなく時間の枠も超えることができます。授業中には気付かなかった問いに家庭に戻った後で気付いたときや、周りの目が気になって質問できなかった問いがあったとしても、Teamsのチャット機能を活用して自分のタイミングで教師や友達に質問することができま

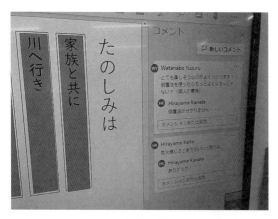

PowerPointのコメント機能を使って、鑑賞と評価を
お互いに行います。コメントは記録として残るため、
子供たちはいつでも確認することができ、学習に活
用できます。また、教師は評価にも役立てることが
できます。

教師側のIDで児童の学習の進捗情報も確認できま
す。単元学習が終わった後はExcel形式でエクスポ
ートしてポートフォリオ化しておくこともできます。

す。それに対して答えた児童も、すぐに対応したり調べてから回答したりす
るので、質問を投げかけた児童だけでなく対応する児童との中で「学び合い」
が継続されていきました。日頃から、子供たちは身近にあるSNSにも触れて
いるため、チャット機能を活用した学習をとても効果的であると感じていま
した。

　子供たちが使用するワークシートは、PowerPointで作成してあります。そ
のため、ワークシートとしてだけでなく教師が提示資料としてそのまま授業
で活用できます。

　教科書や資料データを参考に、それぞれが短歌を作成します。作成後、
作品を共有化して、改めて友達との「学び合い」を実施しました。

　児童は、友達の作品を鑑賞しながら、同時に評価も行います。コメント
機能を使って、言葉の語順や言葉のリズムに注目して、自分の意見を伝えま
す。鑑賞や評価の場面でもTeamsの課題機能が役立ちました。もともと、【課
題】を配付する際にルーブリック評価も設定しておいたので、鑑賞の仕方や
評価のポイントを理解した上で、活動を進めることができました。友達の作
品のよさに対して素直に「いいね！」を伝えるだけのコメントもありましたが、
この「いいね！」に子供たちはとても喜んでいました。当然、教師側は、鑑
賞の仕方、評価の正確さにこだわって指示してしまいますが、互いを認め合
う素直な子供たちの姿から、本来の短歌の楽しみ方や鑑賞の楽しみ方を子
供たちに改めて考えさせられた気がしました。

　その後、友達のコメントを参考に、個々の推敲作業に戻ります。指を折
りながら、何度も音の数を確かめたり、語順を変えてみたりする姿が印象的

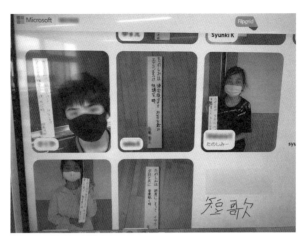

Flipgridを使って、児童同士で撮影を行いました。Flipgridは昨年度から学習の振り返りの場面などで活用し始めました。操作にも慣れているため、児童自身が委員会活動や学級の係活動に活用しています。

FlipgridのQRコードはAR機能も備えているため、Flipgridのアプリをインストールしなくとも、QRコードを読み取るだけで動画を視聴することができます。家庭のデバイス環境にとらわれず動画を配信することができ、休校中に大活躍しました。

でした。

　推敲を進める中で、子供たちにはもう一つの作業が生まれました。それは、自分の作品に対してもらったコメントへの返信です。

　「言葉の意味が分からない。」という質問に対してその説明を返信したり、アドバイスや指摘に対しても「ありがとう。」という返信をしたりという作業でした。教師側で指示したわけではないのですが、デジタルを通した友達との付き合い方も立派にできていることに驚きと喜びを感じました。また、指摘されたことに対しても皆寛容な態度で返答できていることにも驚きました。伝える短い言葉（コメント）の中に、相手を思いやり、よりよい作品にしてもらいたいという気持ちが込められていることが分かるので、素直に「ありがとう」と返すことができたと思います。

　短歌が完成するといよいよ課題の「提出」になります。提出された課題は、Teamsでまとめて管理でき、教師側で確認・評価できるため、作業もパソコン1台で済んでしまいます。もちろん、児童の提出物や評価はポートフォリオ化されて、児童同様に時間と空間に縛られないのは、教師も一緒です。

　教師は課題の評価を付けた後、児童へ返却をします。当然、完成条件を満たしていないときにはコメントを付けて一度返却することも可能です。私自身これまでも、提出されたものにコメントを記して返却しますが、整っていない文字で返却してしまうときもあり、あまり得意と感じていませんでした。しかしその心配もなくなり、子供たちも読み取りやすい情報をしっかり見て、助言を真摯に読む姿を確認できました。

　評価が終わって返却された短歌を短冊に書き上げて完成です。また、それぞれが考えた短歌とその作品に込めた思いも併せてFlipgridを使った発表

授業参観はありませんでしたが、個人懇談が実施されることもありQRコードを付けて展示しました。保護者は、QRコードを読み取って動画でも鑑賞することができます。

をします。友達に向かって大きな声で行う発表活動が自粛中です。それでも、声に出して伝える発表活動は必要ですし、なにより言葉のリズムの楽しさを感じる短歌の学習ではとても有効でした。

　最後に出来上がった作品と作品の背景を声に出して発表します。撮影した動画のリンクをTeamsに貼りつけて、再度友達と共有し合います。自分のコメントが生かされて完成した作品を、ここで最終確認し合えます。

　今回は、感染症拡大予防措置のために授業参観が中止になってしまったため、保護者は子供たちの学校の様子を知ることができません。子供たちの学校の様子を少しでも家庭に届けるために、撮影した動画をFlipgridのAR機能を使って家庭に配付しました。

　Office 365を使える環境が整っている家庭では、一連の学習活動を終始家庭で確認することができたので、学習活動に関する会話も家庭内で生まれたという声を聞きました。

　リフレクションでは、学習活動の振り返りと一緒にオンライン学習のアンケートを取りました。一様にオンライン学習の効果と期待を感じる回答ばかりでした。その中でも、互いに質問し合ったり回答し合ったりすることのできるチャット機能の評価は高かったです。また、学習以外の内容であっても友達や教師と会話ができることで、それぞれの関係がより深まっていく可能性を感じるという意見、それと同時にこの環境を安全に使っていきたいという意見が多くありました。

　学校へ毎日登校できていない児童も、教室外からオンラインに参加して、課題を提出できました。提出までには、Teamsを使って友達との学び合いや触れ合いを持つことができました。

相互に資料共有できる
２つのツールを活用

宝仙学園小学校●山崎剛士先生（理科専科）
（やまざきたけし）

【対象】小学6年生 74名
【科目等】理科
【使用アプリ】Zoom

● 授業内で実施できない題材を扱う

　第6学年では理科で、『ものの燃え方』と題し、燃焼のしくみについて学習します。本来であれば、実際にろうそくなどを用いながら、燃焼とはいかなる反応であるのか、そしていかなる条件によりそれが起こるのか、実体験を基盤として理解を深めていくべきものです。

　しかしこの度の長期休校に際し、それが叶わなくなりました。そこで「実体験を児童にさせられない状況」を逆手にとり、「実体験をさせたいと思うのだけれど、実際に授業内で実施できない題材」を取り扱えないかと考えました。対象となる児童は第6学年の2クラス合計74名。児童が所持しているデバイスは主にiPad（第5世代）やiPad Air2です。これらは学校で今まで共有機として各所で使用していたものを個人用に再キッティングしたものです。指導者はWindowsのノートPCをメイン機とし、資料共有用にiPad Proを

使用。Zoomのホームページにある『iPhone/iPad共有用Zoomクライアントプラグイン』をインストールし、同じWi-Fi下にあればiPad画面をPCのZoom画面共有機能に対しミラーリングができる機能を活用しました（Wi-Fiの速度が遅い日は、iPadを4G回線に切り替え、メイン機のZoomミーティングに参加し共同ホストとして画面共有）。

　また、Zoomと併用して多く使用していたのは『ロイロノート・スクール』です。ロイロノート・スクールは今年3月20日にブラウザ版がリリースされ、『カードインカード』などの最新機能が、デバイスを問わず使用できるようになりました。

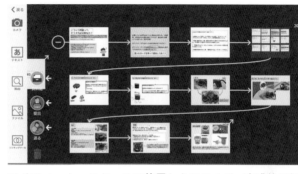

ロイロノート・スクールで使用したスライド。直感的に短時間で作成でき、並べ替なども簡単にできます。動画なども少し容量の大きいものになってしまうが共有可能。授業後は児童にそのまま送って共有できます。

また、休校中にサーバーへのアクセスが集中し一時は繋がりにくい状況でしたが、素早い対応によりほぼ不便なく児童とのリアルタイムでの双方向性を維持することができ、オンライン授業において大きな助けとなりました。

　さて、理科において避けなければならないことは『分かったつもりになること』。教科書や問題集、そして教師からの一方向的な授業などにより実感の伴わない学習に偏ると、「そう言って／載っているから正解なのだ」という、知識を鵜呑みにして分かった気になるケースが生じやすいのです。休校期間中とはいえ、これをなるべく避けたいと考えていました。この対策として、Zoomの『ブレイクアウトルーム』のセッション機能は大変有効であったと感じています。

　今回の単元では、ものが燃えるための3条件についてまず学習しました。その知識を深めるために、「ろうそくの消し方を思いつく限り出してみよう」「それらの消火方法は、3条件のうちどれをうばう方法なのかを考えてみよう」という問いを提示しました。そして、そのアイデア出しのために活用したのがZoomのブレイクアウトルームのセッションです。まずランダムで4〜5人程度のグループに分け議論させます。そしてその記録としてグループの代表者1名に、その場で議論に参加したメンバー名と出たアイデアをまとめたものをロイロノート・スクールで提出させました。セッション中に、各グループの議論を見に行けない（機能としては可能だが、指導者が来たことで議論を分断しかねないので自粛していた）のがやや不便ではありましたが、代わりにそれらの内容や参加状況をロイロノート・スクールで可視化することで、児童の理解度や思考について確認しました。指導者は、ここで提出されたアイデアをもとに、実際にさまざまな消火方法を試したものを動画で撮影し、同じくロイロノート・スクールにて動画資料として共有しました（授業で使用後そ

問いを投げかけると児童からリアルタイムでアイデアが提出されます。初めは自分の提出したものしか閲覧できませんが、一定時間が経過したら、指導者が回答共有を行い、他者の意見を閲覧できるようになります（名前付き／匿名の切り替えも可能）。指導者はこの画面をZoomで画面共有し、提出されたものの中から注目すべきものをピックアップし、コメントをしていきます。ただお互いに見合うだけでなく、指導者がピックアップしコメントすることにより、「見たものについて考える基準」を形成していくことが可能です。Zoomの画面共有機能によってオンラインでも実現できます。

のまま送った）。子供たちのアイデアには、例えば「すごく寒いところにおいて火を消す」など、非科学的なものも多数あります。それらも大人の意見で一蹴するより、実際にやってみた様子を共有し「これは無理そうだ」と感じさせることで、より深い学びにつなげられたと感じています。

そして、ここからが「実際に授業内で実施できない題材」の登場です。今回その題材としたのは木炭です。木炭は昔も今も使われ続けている一般的な燃料であり、一度火がついてしまえば高温を維持しつつ炎も煤も出さない大変優秀な燃料でもあります。しかしながら、家庭での使用率について考えれば決して身近とはいえず、アウトドア経験の少ない子供にとっては聞いたことはあれど触ったことのない"伝説の固体"にすらなりつつあります。おそらく、なぜキャンプでは薪と炭とを使い分けているのか理解している子供は大変少ないのではないかと考えられます。そういったことからぜひ題材に使用したいと以前から考えていました。

木炭を児童がいる環境で使用できない理由はいくつかあります。例えば、火の粉が飛ぶ、炎が出ないので高温に気づきにくい、着火までに時間がかかる、汚れる、一斉に着火すると煙や一酸化炭素などが部屋に充満する、などです。もちろん工夫をして実際に体験に結び付けることは不可能ではないでしょうが、相当な労力を指導者に要することは明白です。そういったものだからこそ、あえてオンラインの題材とし、演示を豊かにすることに注力して伝えようという考えに至りました。

オンライン中ではなく、分散登校時に行ったサテライト授業の様子。ここでも、Zoomによってお互いの教室の様子を確認できるので、ただの動画配信と違い、指導者のいない方の教室のリアクションなども確認しながら授業できました。

● 実際の様子を撮影して共有する

まずは成型炭と備長炭の比較から始めます。成型

七輪ならぬハチ輪で炭火焼き鳥をつくる様子。焼き鳥のたれはあえてビーカーに入れて準備しました（実験と調理が共存するような画づくりによりワクワク感のある演出に）。

焼きあがった焼き鳥。「途中で煙がすごく多くなったのは、たれに含まれる水あめに炭素が含まれているので、それが炭にたれて燃えたから」など、解説をしながら見せています。

炭はライターの火で簡単に着火できますが、備長炭はガスバーナーの炎を数十秒当てても着火できません。同じ炭でもこれほどまでに違うということを、実際の様子を撮影して共有します。次に先述の方法と同様に、問いを提示して議論させます。問いは『十分に着火した成型炭の上に備長炭を乗せたが1時間たっても着火には至らなかった。それは3条件のうちどれが不足していて、補うためにはどう工夫すればよいか』というものです。ブレイクアウトルームのセッションの後、ロイロノート・スクールにてアイデアを提出させます。アイデアは概ね「備長炭は粒が詰まっていて酸素に触れにくいのではないか」という仮説から、穴あけや粉砕などのアイデアに至った『備長炭コナゴナ派』と、「成型炭が吸気（酸素）不足だから備長炭を発火点以上になるまで加熱できていないのではないか」という仮説からうちわや扇風機、酸素ボンベに至る『成型炭送気派』に二分しました。

　次の授業の際に、実際に2つのアイデアについて実験した動画を共有しました。「備長炭をハンマーで砕き、おろし金で粉にする」また別の備長炭は「電動ドリルで穴をあけハチの巣状態にする」。準備には合計1時間を要しましたが、動画では早回しができるので児童も飽きません。実際に着火に成功した場面では、成型炭だけでは着火に至らず扇風機で自動送風をしたので、理科室に備長炭の火の粉が手持ち花火のごとく宙を舞う映像となりました。この大がかりさと危険さから、「もっと簡単に着火できないのか？」ということで、七輪やキャンプ用の火おこし器について紹介します。両方の道具について言えることは「ただ円筒で下の方に空気穴がある入れ物」ということ。このシンプルすぎる構造に児童は驚きます。『炭1個ずつ使って着火するだけなら、もっと安くかんたんに火をおこすしくみが作れないか』という問いを投げかけると、それぞれさまざまな道具を使ってたくさんのアイデアが出てきます。

　木炭を扱う最後の授業では、ある児童からの「植木鉢は下に穴があるし、

みんなで美味しく、いただきました！！

出来た焼き鳥を教員に振る舞った様子をスライドで共有したもの。この日は次週から始まる分散登校に向けて多くの教員が出勤し、学校からオンライン授業を行いました。「先生たちも元気にしているよ！」というメッセージにもなりました。

形も七輪に似ているからきっとできるはず！」というアイデアを採用し、七輪ならぬ"ハチ輪"で、『備長炭炭火焼き鳥が作れるのか』という企画を指導者が行い、その様子を動画で共有しました。ハチ輪による備長炭への着火は見事成功しました。焼き鳥を焼き、あえてビーカーの中に用意したたれをつけ仕上げます。指導者が食べている様子や、後片付けの様子などもすべてを動画で共有しました。映像を見せたのがちょうど昼前だったこともあり、「お昼あれ食べたい！」などの声が多数オンラインで聞こえてきました。

● オンライン授業に必要なツール

さて、今回のオンライン授業において最も重要性を感じたのは、「離れているところで資料を共有し合えるツール」「離れているところでお互いの声を伝い合えるツール」の両者がそろっていることです。日本の教育現場では今も1人の発信者から多数の受講者が情報を受け取る一斉授業形式が根強く残っています。しかし、本当の理解とは実感を伴うものであり、自ら学びの場に参加する意識を持ちつつ能動的に学んでこそ獲得できるものだと感じています。動画配信のような一方向性の手段だけでは『わかったつもり』を誘発してしまうのではないでしょうか。今回Zoomによる対話するためのツール、そしてロイロノート・スクールという相互に資料共有できるツールの2つがあることで、本当の意味での"学びを止めない"にコミットできたのではないかと自負しています。

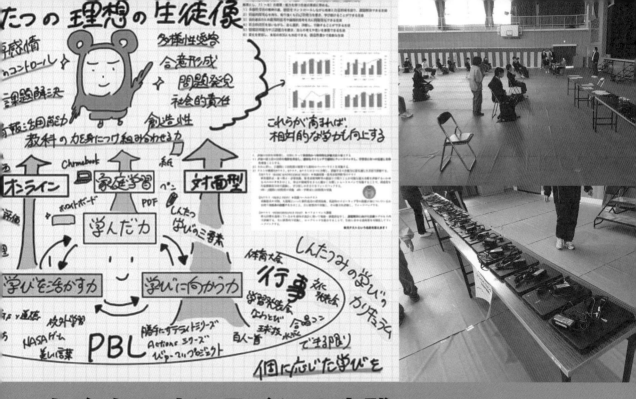

しんたつオンラインの実践
〜G Suite for Education の活用

大阪市立新巽中学校●里見拓也先生（さとみたくや）／山本昌平先生（やまもとしょうへい）（教務主任）

● 休校中の対応の概要

　休校期間中は新3年生の学習保障を中心に Chromebook の貸し出しを行い、登校日に Chromebook を配布、ログインまでの操作を伝達、それ以降は Google Classroom で進めました。最初はオンラインHR（ホームルーム）と Chromebook の使い方を学ぶ同期型の授業を行い、慣れてきた頃から教科でも Classroom で授業を行いました。基本的にオンデマンド型で授業をつくり、個別に Google Meet で対応しました。今回は最も効果的だと感じた数学、英語、プロジェクト型学習の実践をご紹介します。

【対象】中学3年生 58名
【使用機器】Chromebook（acer C732、ASUS C214M 等）、各家庭の端末
【ネット環境（先生側/生徒側）】教師　LTE端末の Chromebook、個人の4G回線やPocketWi-Fi、生徒 LTE端末の Chromebook、家庭の Wi-Fi 等

● オンラインHR & G Suite活用講座（同期型）

　平日の毎朝9:00に Google Classroom の Google Meet にアクセスし、HRを行いました。生徒たちも毎日退屈で人とのつながりを求めている状態

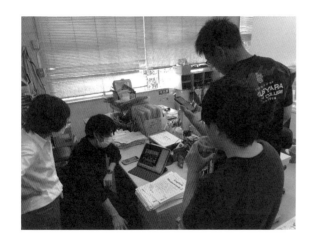

でした。最初はオンライン迷子もありましたが、全体の2/3程度の人数が集まりました。健康観察フォームの提出をさせていましたが、「みんなとしゃべれて良かった」「生活習慣が戻って良かった」「勉強や学校はどうなるの?」といった声も多く、オンラインへの期待もありつつ、不安の中で過ごしていることも把握できました。不参加生徒には電話連絡を行い、理由を確認しました。「起きられない」「下の子の面倒をみる時間で繋げない」「繋ぎ方がわからなかった」など理由はさまざまでしたが、環境を整えることは簡単ではないと再認識しました。

軌道に乗ってきた頃に生徒と相談し、生徒主体でHRを実施しました。HRの司会を生徒が行い、クイズ大会や特技披露、コロナの期間に学んだことの共有など、日変わりでさまざまな場作りをしていました。学びの場における「心理的安全性」が基盤にあるからこそできたことでもありますが、この環境下で新しいものを活用し学ぶ姿に感動したことを覚えています。

オンラインHR終了後の時間には G Suite for Education (以下、G Suite) 活用講

【使用アプリ】Google Classroom ／ Google Meet ／ YouTube ／ Google スライド ／ Jamboard ／ Google フォーム

座を計5回実施しました。長時間の同期型での授業は目の疲れや体力の消耗が心配です。また、接続が不安定になる恐れも考慮し、最大30分で終わる形で授業設計を行いました。共同編集機能でスライドを作成したり、Jamboard で意見交流をしてみたり、Google Classroom で課題を提出する方法や Google カレンダー で提出期日を確認する方法、アドバイスや相談にはコメント機能を使うなど、基本的な活用法を学びました。生徒は「オンライン上でこんなことができるんだ」と驚いた様子でした。

マイクがミュートのままだったり、ハウリングが何度も起こる失敗も経験しました。また、端末によってアプリの仕様が異なることも踏まえて指導することができないことや、生徒のレベルに合わせた足場かけができないこともありました。失敗も数多く経験しましたが、「まずはやってみる」しか選択肢はありませんでした。大人も子供も、こんな時だからこそいつもより「少し」優しい気持ちで関わり、立場に関係なくみんなで学べたのかもしれません。活用講座を通じて、教科の授業で G Suite を活用できる環境が整いました。

次は実際に教科での活用をご紹介します。

数学科の実践 (オンデマンド型)

【使用アプリ】Google Classroom ／YouTube ／ Google フォーム

休校期間中、数学科は以下の2つの実践を行いました。

1）教科書の問題を説明するオリジナルの動画を作成し Google Classroom で配信

2）到達度を確認する Google フォーム を作成し、ルーブリックとして到達度を双方向で確認

数学の最初の単元は主に計算の知識技能が中心です。数式の見方や用語と、計算方法がわかれば個別に学習を進めることができます。そこでタブレットで画面収録した解説動画を YouTube に限定公開で共有しました。また、理解度を確認する小テストを Google フォーム で配信し、わずかではありますがフィードバックを返すことができました。テストは何回もチャレンジできる設定にし、何度も繰り返し確認する生徒もいました。Google Classroom には学習の手順や参考資料等も掲載できるので、学習の見通しも伝えやすかったです。

普段の授業と比較した時に、生徒は板書を写すことに必死になって、聞き逃すこともしばしばです。しかし動画で共有すると、自分のペースで進められ、わからないところを繰り返し観ることもできます。自分がわからない部分だけの視聴が可能なので、効率も上がります。1人1台環境だからこその利点だと感じました。本校は今年度より Qubena というAI搭載型デジタル教材を取り入れていますが、Google Classroom と併用するとより効果的な学習ができると感じました。生徒からも動画がわかりやすかったという声もあり、今後も行いたい形式の1つとなりました。

英語科の実践 (オンデマンド型と評価方法)

【使用アプリ】Google Classroom ／Google スライド／Google フォーム ／カメラ機能

Chromebook で音読動画を撮影し、Google Classroom で回収・評価・採点を行いました。1人1台環境で学習できるメリットの1つが家庭での成果をオンライン上で個別に提出できるという点です。英語科では、学習した本文の音読をカメラの動画機能で撮影し提出させました。以前までは個別に音読をチェックする場合、1人ずつ順番に評価するしか手段がありませんでした。そのため膨大な時間がかかること、チェックを受ける前後の時間の使い方や、公平性に少なからず課題がありました。今回、Google Classroom での提出が家庭からできたことで今までの課題のすべてが解消され、さらに以前よりもよりきめ細かく子供たちの学習評価ができました。Google Classroom 上では個別にコメントを返せるため、発音で気を付けるべきポイ

ントや、できていない箇所をそれぞれにフィードバックができました。

メリットはもう1つありました。学級ではどうしてもクラスメイトからの同調圧力が働きます。「間違って発音しているかもしれない」や「友達の前で英語を話すのはなんとなく恥ずかしい」という思いが生まれ、本来取り組んでほしい練習をやらなかったり、本来の力を見とることができない場面がありました。それが家庭で1人で練習し、撮影できる環境下に身を置くことで、子供たちはいつも以上に練習し、熱心に取り組むようになりました。提出してきた発音のレベルも高く、これも今後やっていきたい形式の1つとなりました。

また、英作文の課題も Google Classroom で配信し評価・採点まで行いました。Google ドキュメント や Google スライド を個別に配信し、その単元で学んだ文法を使って自分の考えを表現する課題です。普段の授業ではワークシートやテストを提出させ、1枚ずつ確認するところを、Google Classroom ではオンラインでの一覧管理のため添削も容易です。個別の成果物に赤色でコメントしフィードバックを行いました。もちろん、英語を自分の手で書く力を育てるのも必要です。タイピングが苦手で逆に表現しづらくなるケースもあります。しかしこれからの時代、タイピングで自分の考えを表現する力も必要になってきます。「どんな力を身につけるために授業があるのか」を基盤に据えることで目的に応じた学びのデザインができることも実感しました。すべてをパソコン等でできる環境にあるからこそ、手で書く力や対面での表現の価値に気づくこともできました。

【使用アプリ】Google Meet ／ Jamboard ／ Google フォーム

● PBL×音楽（同期型）

新巽中学校の学びは教科だけではありません。本校の求める生徒像に近づくようプロジェクト型学習も行っています。昨年度（2018年度）までは地域活性化プロジェクトを行い、地域企業や区役所と連携しながらより良いまちづくりについて学んでいました。

地元の企業である株式会社リゲッタ社長の高本さんが書いた「ひとりで歩こう」という詞に曲をつけてほしいというミッションをいただきました。そこでプロジェクトメンバーを募って作曲することになりました。会議はすべて Google Meet で行い、その過程で Jamboard を使ったり、Google スライド を活用して曲のサビやメロディの作成を行いました。また、直接高本さんへのインタビューも Google Meet で行いました。協働的な学びを行う上で G Suite は非常に有効な手段だと実感しました。

また、対面の良さも改めて感じました。オンラインではなかなか伝わらない場の匂いとでも言いましょうか。やはり直接会ってわかることや対面で伝える大切さもわかりました。

● 今後の展望

　実践を始めて2カ月、大阪の学校も6月より再開となりました。休校期間中の措置だったChromebookの貸し出しも、GIGAスクール構想の整備まで継続していただけることになりました。本校にはGIGAスクール構想で起こる少し先の未来がすでに到来しています。1人1台端末、学校でも家でもWi-Fi環境100％の公立校は全国でも今はまだあまり多くないのかもしれません。だからこそ本校は子供たちの学びの手段としてのオンラインとオフラインの整理を求められていると認識しています。現状、本校の課題は2つあります。

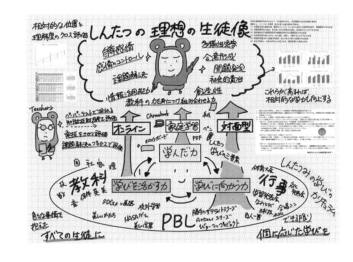

　1つは情報モラルの育成です。常に端末を携帯している環境で昼休みや授業以外の時間の活用をどうするかという議論が起こりました。もちろん自分のものではないのでプライベートな使用は控える指導が必要ですが、本校では、端末を「言葉」と同列で整理しました。「言葉は使い方を間違えれば人を傷つける刃物にもなり得る」。間違った言葉を使った生徒に対して「しゃべるな！」といった指導は誰もしないでしょう。言葉は取り上げるものではなく、使い、向き合うことで互いにとってよい言葉をみつけられます。これからの時代、端末も言葉と同様なのかもしれません。コミュニケーションツールの1つとして位置づけられていくことでしょう。端末の活用も失敗や成功を通じて正しい使い方を学校で学ぶことが求められるのではないでしょうか。

　もう1つはオンラインの良さを普段の対面型授業とブレンドし、全ての生徒にとってより良い環境をいかに整えるかです。対面型はオンライン授業よりもほぼ全ての面で優位性があるでしょう。偶発性を演出でき、ビデオ通話ではなかなか感じられない雰囲気を肌で感じられます。しかし、不登校生徒や個に応じた対応においてはオンラインに優位性がみられます。「どちらが優れているか」の議論ではなく、どうベストミックスさせ「全ての子供達」により良い学びの環境を整えられるかを考えるべきではないでしょうか。

　すべての生徒の学習環境を整え、これからの時代を生きるために資質・能力を育む。その手段としてのICTのあり方を模索していきます。子供たちと共に学ぶ今が、未来の希望だと信じています。

・大阪市立新巽中学校
http://swa.city-osaka.ed.jp/swas/index.php?id=j672488

与那国島にて教材探し

ハイブリッド型授業を通して、未来、そして世界を感じてほしい

高槻中学校高等学校●山下真人先生

【対象】中学1・2年生／高校2年生
【科目等】理科（生物）
【使用アプリ】Forms／Teams他

※1　2020年6月現在。

愛用している360度カメラ(Insta360 One X)。さまざまな場所に携帯し、良い題材を見つけるとすぐに撮影、教材とします。その場で画像加工して、生徒に配信する事もあります。

　2020年2月27日の夕刻。政府からの休校要請が報道され、私達の戦いの火ぶたが切って落とされました。生徒の心の安定、学びの保障は最優先事項。私は教育者としての自分を改めて認識し、その社会的責務を感じて燃えに燃えていました。

「何とか生徒たちに有益な情報と学びの機会を！！」

● 本校のICT環境※1

　本校では毎朝、中学生全員がBYODのiPad miniを携えて登校します。スタイラスペンや充電器は任意購入で、生徒用iPadは決められたWebページのみ閲覧できます。入っているアプリはWord、Excel、PowerPoint、OneDrive、Teamsそしてロイロノート・スクール、Classi、Zoom、iMovie、電子問題集など。また校舎内では場所を問わずWi-Fiに繋がり、各教室・ホールでは電子黒板やプロジェクターが使えます。生徒にはMicrosoft 365

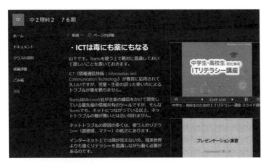

SharePointを使った授業用のポータルサイト。トップページはメディアリテラシーについての解説やスライド。生徒はこれらを読んだ後で振り返り課題に取り組み、全問正解すると、晴れてTeams解禁となります。

SharePointにアップした課題や動画資料。FormsやStreamとリンクしています。

（A3）、G Suite、ロイロノート・スクール、Classiのアカウントが付与されており、教職員には加えて専用のMicrosoft 365アカウントがあります。ICT担当職員は2名常駐しています。

なぜICTを使うのか

私は生物教師として「生物を体験として学ぶ」事を大切にしています。日常に息づく生命を意識し、ジッと観察。そこに知識や理論が伴えば、生徒は生き物の面白さだけではなく、学ぶ事自体の楽しみまでも見出せます。一方、多忙な日本の現代社会の中で、子供たちも時間的・体力的な余裕を失っており、実験・実習の授業を織り交ぜても、「体験」を通した学びは足りていません。そこで、時間と空間を飛び越えるICTを用いて、せめて仮想の体験だけでも、という発想に至ったのです。

また、未来を築く存在である子供たちに、最先端技術を知って見て使って未来を感じて貰い、科学と自分自身の無限の可能性に気付いて欲しい。更には、世界中でコラボレーションがより複雑化、高度化する中で、日本という枠組みを意識しなくても良い環境を生徒に提供したい。生徒が創造的、挑戦的でいられるためにはどうすれば……。このような、私が教師生活の中で抱いた想いや見つけた問題点の多くを解決するのがICTでした。私がICTを積極的に使う理由はここにもあります。

通常授業でのICT活用

ここでは主にMicrosoftのサービスを利用した例を紹介します。

（1）Teamsで実現するハイブリッド型授業

私は全ての授業をオンラインとリアルの両方の良さを取り入れたハイブリッ

参考）Teamsの設定

Teamsを安心安全に利用していくことを考え、まずは生徒には投稿（スレッド立て）ができないように設定して、教員が件名をつけて投稿し、生徒はそこに返信していく形を取りました。また、現在はチャット機能、通話機能、プライベートチャネルの作成機能も制限しています。

機能制限については、最初から制限はかけず失敗させながら使い方を学ばせていく方法と、使っていて問題が起きなかったら順次制限を解除していくという2つの方法があります。どちらの方法を採用するかは、各学校のICTへの向き合い方、考え方によりますので、意見は二分されるでしょう。どちらが正しいということでもありません。ただし、前者の方が生徒への浸透は圧倒的に速いと言われています。

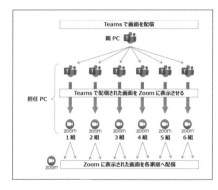

Teamsでのコラボレーション後、成果物に対してフィードバックを行います。上図は、生物の形態に関する複数の資料を元に、何が進化に影響する要因となるのかを予想する授業でのフィードバック。

TeamsとZoomの連携図。学年の教員のPCに向けて画面を配信し、その画面をZoomで各家庭のデバイスへ配信しました。

※2 学年の生徒全員（280名程度）を含むチームは、仕様により課題機能は使えませんでしたが、他クラスの様子が分かるという点で生徒たちから好評でした。

※3 任意課題。さすが普段からネット環境に触れている現代の子供たちです。ちょっとしたすきま時間にスマホを取り出し、サッと勉強していたようです。

※4 PowerPointのスライドに等圧線を描いていく様子をiPadで画面録画して、Streamにアップロードされています。

※5 高校2年生が課題研究の中で私と作成しました。YouTubeにアップロードされています。

ド型で行っており、これまでいろいろなオンラインサービスを試してきました。その中で、最も多機能で現実に即した運用ができたのが Teams でした。

授業では Teams で授業用チーム[2]を設け、課題や資料の提供や生徒同士のコラボレーションを行っています。例えば、動画やスライド、Forms で作った課題等を埋め込んだ SharePoint サイトを Teams で表示させる。単元毎にチャネルを設け、Word 文書や PDF 資料を該当チャネルで配信する、など。配信された教材は反転授業や振り返りに用いられます。特に好評だったのは、試験前の Forms テスト[3]、「天気図の描き方」等の見本動画[4]、「大阪市立自然史博物館への誘い」等の VR 動画[5]でした。SharePoint サイトは、私が PowerApps で作った簡単なアプリ[6]や、Google マップ[7]、Twitter の書き込み[8]を生徒と共有する等、授業内外で頻繁に利用しています。

また、事前に私が投稿したファイルを、生徒に共同で改編させた事もありました。例えば「絵本作り（お題：断熱膨張、授業時間：2時間）」の授業では、4人班になった生徒が自分の班番号の PowerPoint ファイルを共同編集して、断熱膨張という自然現象をストーリーに組み入れた、架空の10歳程度の子供を対象とした絵本（スライド）を作成しました[9]。

(2) Skype in the Classroom に挑戦！

Skype で海外の学校と繋がるためのプラットフォームが Microsoft から無償で提供されており、ここで各国の先生方と連絡を取り合いながら Skype を使った海外交流が実現できます。使う言葉は全て英語。本校では ESS 部の部員達が挑戦しています。Mystery Skype（国当てゲーム）を行ったり、互いの国の文化や歌を紹介したり。実施前には、何をすれば相手が楽しんでくれるかいろいろと考えを巡らせているようです。

National Geographic Societyが提供している映像を用いて、生態系と植物について解説した事もありました。教育用としてWeb上で公開されているコンテンツは、通常授業でも多用しています。
映像コンテンツ「Measuring Mangroves ¦ Explorers in the Field」（https://youtu.be/rIXeDIgx5Rc）の画面を使用。

Skype in the Classroomで交流する、フランスの小学生と本校生徒。相手の年齢に合わせて言葉を選びながら進めます。

● <u>オンライン授業の日々</u>

　3月1日日曜日。JACST（科学技術広報研究会）の教育支援ページと、授業内容についてのコンテンツを配信し、まずは生徒の翌週の学習を保障しました。学年末考査目前でしたので、生徒達は試験勉強の時間ができた！とばかりに配信教材で自由に勉強してくれましたが、これは私にとって、学校で行う授業の存在意義を問い直す良いきっかけともなりました。個別最適化が念頭にありましたので、課題の提出期限については緩く設定し、Formsを通じて生徒の学習状況を把握するのみに留めました。学年末考査までの期間は、教材や最新情報を連日Teamsで配信し続け、生活習慣と心身の乱れへの注意喚起をしながら、何とか乗り切りました。

　学年末考査、卒業式、終業式を経て、ついに新年度。私は中1所属となりましたので、春休みの間、初対面の生徒相手に一教員レベルでどのような教育が提供できるだろうと、授業準備をしつつひたすら考えていました。

　入学式で新入生と初対面。数日後にはZoomでオンライン学年集会を実施しました。有料プランのZoomを導入しているものの、ウェビナーが有効化されておらず、ミーティングで対応するしかありません。各ご家庭から画面が見えづらいという声が聞こえる中、考えたのがTeamsとZoomを連携させる方法です。カメラで撮影している映像をTeamsの中1教員チームで画面共有、その画面をZoomで各家庭に配信、という流れです。これがうまくいき、何とかきれいな画面を生徒に届けられました。集会ではメディアリテラシーについて講義を行い、オンライン授業における注意事項についても確認しました。また事前に作っておいた校内や登下校ルートを案内するVR動画を見せながら、簡単な解説も行いました（YouTubeでも配信）。学年集会の感想は各家庭からFormsを使って集め、教員間で共有しました。

※6　各教員が開演している公開授業の情報を集約するアプリなど、PowerAppsで業務用のアプリも作っています。

※7　私が大阪府を一周した際のコースを記録したもの。各地で見つけた植物の写真などを載せています。

※8　HoloLens 2によるMRについての書き込み。MRの可能性についてアイデアを出し合う授業を実施したことも。

※9　断熱膨張は、空気の塊が急に上昇すると気温を下げながら膨張する現象。授業の前半で、ペットボトルの中に雲を作る実験を行って理論を検証し、興味関心を高めてから絵本の作成に入りました。最終的に、生徒たちによるナレーションを吹き込み、動画を作成して授業の成果物としました。

78 78期学年団

一般

☆出欠勤連絡

☆朝テスト情報

学年　HRでの連絡集約

学年会議

学年行事

係）ICT

係）会計

係）広報

係）通信

係）野外

分）学習

分）教務

分）進路

分）人権

分）生指

分）生徒会

分）保健

和）News

和）アイデア集

Teamsにおける、中1教員チームのチャネル一覧。休校期間中、中1所属の教員間でもMicrosoft 365が積極的に活用されました。授業用チームでは主に単元毎にチャネルを作ったのに対し、教員チームでは分掌や学年内の役割毎に作りました。その有用性から、休校が明けてからも変わらず活用され続けています。

※10　Open Broadcaster Software

その後始まったオンライン授業。教材や配布文書の配信はClassiや学校HP（OneDrive）で行いました。授業はとにかくリアル感、ライブ感を大切にし、「バーチャル植物ツアー」として校内に生育している植物を巡って解説したり（スマホを介して中継）、リアルタイムで花を解剖する様子を配信したりしました。他にもOBS※10で構成した画面で配信したり、作ったVR動画を用いて説明したり、ホットな時事ネタ（サバクトビバッタ大繁殖の話題など）についてチャットで意見を聞いたりと、ICTをフルに活用した試みを繰り返していました。もちろん思い通りにいかない事もありましたが、挑戦する度に授業が洗練される感覚もありました。

授業中は、入学したての新入生の心理的安全性を担保するため、バーチャル背景や飲み物などは許可しました。また授業が始まる前はインストのBGMをさりげなく流し、授業を受けたくなるような雰囲気を作りました。発言が苦手な生徒をサポートするチャット機能は常に開放して、発言は全てチャットで行って貰い、授業のテンポの崩れに注意しつつ、適宜溜まった質問に答えるようにしました。生徒の書き込み全てに目を通すことで、タイピングの遅い生徒も安心してチャットに参加でき、授業の度にチャットが活発になっていきました。また通常授業より発問の回数を増やし、内容を精査しつつ常に話し続けることを意識した結果、生徒は飽きずに楽しんで授業を受けてくれました。

全ての授業後にFormsの課題を提供して（予備としてGoogleフォームでも同じ課題を作成）、授業を振り返られるようにしました。この課題は授業を聞いていないと答えられませんが、解答後に模範解答が表示されるため繰り返し答える事ができます。

● オンライン授業から通常授業へ

休校が段階的に解除される中で、新入生にはまずiPadを渡し、その基本の使い方をマスターしてもらいました。それからは、オンライン授業内で「iPadで撮影した写真や映像を編集して提出」等の新しい使い方をどんどん紹介・利用したので、完全に通常授業に戻った半月後には新入生も十分にiPadが使えていました。

6月末現在、日本全体を見渡すと、授業内外を問わず教師と生徒が双方向で情報のやり取りをするのがスタンダードになりつつあります。休校を経た私達は、ICTを使った授業の教育効果の高さに改めて気付きました。また同時に、空間を共にしないとできない事が何なのかについても気付けたはずです。休校以前から続く長い長い夜が終わり、ここがオンラインとリアルの良いとこ取りをした「ハイブリッド型授業」の夜明けです。全ての教育の現場にICTの光が射す事を願ってやみません。

地層の調べ方
中学校理科

動画とコミュニケーションツールを活用する参加型オンライン授業

和歌山大学教育学部附属中学校●矢野充博先生

【対象】中学1年生
【科目等】理科

● 本校についての紹介

　2015年度より共有iPadを導入して全学年で活用、2019年度入学生より1人1台のiPadを各家庭で購入していただき、授業だけでなく家庭学習のツールとしても活用しています。教室では教師のMacBook ProからApple TVを経由して、プロジェクターで大きく映し出して授業をしています。普段から生徒も教師もロイロノート・スクールやGoogle Classroom等を使って、課題の配付や提出することに慣れています。また、授業スタイルは協働的な学びを中心にしています。

● 参加型オンライン授業をするための準備

　新型コロナウイルス感染拡大防止による休校要請の報道があった翌日、iPadを所有している1年生でZoomを使ったオンライン授業を3月3日から行

【使用ハードウエア】
・Zoomをインストールした MacBook Pro（Keynote の操作）
・iPad（MacBook Pro と有線で接続、ロイロノート・スクールの操作）
・Webカメラ（MacBook Pro と有線、授業者の撮影）

【使用アプリ】
・Keynote（プレゼンテーション）
・ロイロノート・スクール（課題の配付と提出、一覧表示）
・Google フォーム（アンケート、Zoom ID とパスワード配付）
・Google Classroom（Google フォームと YouTube サイトの添付）
・YouTube（授業後に実験ムービーを配信）

うことを決め、その日のうちに生徒のiPadに Zoom アプリをインストールして簡単に使い方の説明をしました。

　オンライン授業は、午前中に40分の授業を2コマ（4月17日からは3コマ）で、午後は自由に活動をする時間としました。実施した教科は10教科（国語・社会・数学・理科・音楽・技術・保健体育・家庭・英語・道徳）で、一度の授業で140名を同時に受講させることにしました。「参加型」の授業にこだわったのは、一方的に内容を伝えるのではなく、普段の授業のように生徒とのリアルタイムでのやり取りをしながら授業を進めていきたいと考えたからです。

　セキュリティを高めるために、Zoom の ID とパスワードは毎日変更することにしました。Google Classroom に添付した Google フォームのアンケートに回答すると、ID とパスワードがわかる仕組みです。また、このアンケートによって、日々の様子を調査し、学習方針を決める重要な材料としました。

● オンラインによる中学理科の授業

　4月17日に行った理科の授業について紹介したいと思います。内容は、「地層の様子をどのように知ることができるのか」を理解させるものでした。
詳しくは筆者の YouTube チャンネル「Yanotea」参照

(1)プリンとストローでボーリング調査のイメージをつかむ（実演）
　地面に穴を開けて掘り出してみると、地層の様子がわかります。これをボーリング調査といいます。授業の導入では、Webカメラの前で、プリン・ヨーグルト・コーヒーゼリーでつくった3層のパフェをストローで吸い出す実演をしながら、ボーリング調査の考え方を理解させました。

(2)地層を再現した試験管で隆起の様子を見る（ムービー）
　プリンなどを入れて地層を再現した試験管を5本用意して、土地の隆起の様子を再現するムービーを事前に撮影しておきました。それを Keynote で

見せながら解説しました。次に、試験管のゼリーを少しずつ吸って、風雨による侵食を再現して、地表面からの深さは、単純に地層の傾きと一致しない例を紹介しました。

(3) 標高に関する課題を解く（チャット）

先ほど解説した内容が理解できているのかを確認するために、Keynoteで課題を見せました。すぐに答えられる内容だったので、Zoomのチャット機能を使って解答させました。この「チャット」は、授業中いつしても良いルールにしています。わからないことがあれば、チャットで質問してくるので、途中で説明を補足することもできます。すぐに反応できるのもリアルタイムに授業をしている良さだと思います。また、教師とその生徒でしか内容がわからないように設定しているので、他の生徒からどう見られているかを気にせずに質問ができます。

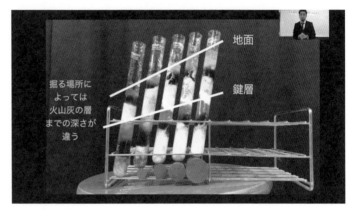

プリンなどを入れて地層を再現した試験管を5本用意して、土地の隆起の様子を再現するムービーを事前に撮影しました。

(4) 地層の傾きに関する課題を解く（ロイロノート・スクール）

過去の入試問題から1つ出題しました。それをロイロノート・スクールのカードにして、生徒に配信して取り組ませました。ロイロノート・スクロールは、iPadの画面に直接手書きやテキストをキーボードで入力できます。解けた生徒から随時「提出箱」に提出させました。提出物の一覧表示の中から、生徒のカードをピックアップして、字や図形を書き込みながら解説しました。一覧表示するときに、氏名を伏せることもできるので、生徒は間違いを恐れず提出できます。

(5) 宿題の提示（ロイロノート・スクロール、Google Classroom、YouTube）

40分の授業時間内に終えられなかった課題については宿題として、次回の理科の授業があるまでに解答させることにしました。また、当日のZoom

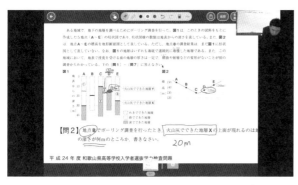

ロイロノート・スクールのカードで配信した課題を解いたら、「提出箱」に提出します。

による授業の様子はレコーディングしておき、YouTube にアップして、Google Classroom からいつでもおさらいして見られるようにしました。

Zoom を使うことの良さ

　Zoom を使ったオンライン授業の良さは、3つあると思います。1つは、教師の画面を高画質のまますぐに生徒に見せることができること。2つは、チャットを使って生徒の考えをすぐに拾えて授業の中で生かせること。今回の授業ではしませんでしたが、3つめはブレイクアウトルームで少人数に分けて話し合いをさせることができることです。

業者と生徒の感想

(1) 授業者の感想

　オンライン授業で一番苦労したのは、受講者数が多いため、一人一人の生徒の表情がわかりにくいことです。普段の授業でやっているように、理解しているのかを表情を見て判断できず、授業を進めにくかったですが、チャットを利用するようにしてからとても授業が進めやすくなりました。ちょっとしたことでも生徒と意思疎通を図れるので、生徒からの評判も良かったです。通常の授業に戻ってからもロイロノート・スクールをチャットの代わりになるのか試しています。

(2) 生徒の感想（一部抜粋）

・地層をプリンなどの食べ物で説明してくれていたのでわかりやすかったです。土を掘ると下から順にれき・砂・泥になっている事がわかりました。

・最初は全然わからなかったけれど、ロイロノート・スクールを使って画面を見せながら、考え方を解説してくれたのでわかりやすかった。

●Zoomを使った自由参加型オンライン補習

・Apple Books版
http://books.apple.com/jp/book/id1506497579

・PDF版
https://drive.google.com/file/d/12DvydF-1ZyD-
PG7hgQXB6xYkfqcJ08oP/view?usp=sharing

⬤ その他の情報を知るには

　今回紹介した理科の授業以外にもオンライン授業をしてきた39日間にいろいろな取り組みをしてきました。例えば、生徒と一緒に作詞作曲をして合唱した事例やさまざまなチャレンジ課題に対して、素敵な表現をしてくれたものもありました。もし興味があれば、作成したデジタルブックや、休業期間中の取り組みを含めてさまざまな教育活動を日々更新していますので、私のFacebookをご覧下さい。

・Facebook

休校中における
G Suite for Education の活用事例

大阪教育大学附属高等学校天王寺校舎

　本校では、２年前より Google Classroom を活用し、生徒への配信を行ってきました。Google Classroom に生徒も教員も慣れてきましたが、このCOVID-19での休校期間中に、さらにさまざまな活用を実践してきました。ここでは、それらの内から４つの実践例を紹介いたします。

【対象】高校1年生 164名
【科目等】英語表現Ⅱ
【使用アプリ】Google
Classroom ／ YouTube ／
Google Meet ／ Google
フォーム

● Movie Trailer（映画の予告編）を活用した
オンラインでの一斉授業　　乾まどか先生（英語科）
いぬい

　Movie Trailer（映画の予告編）「King's Speech」を活用した学びを実施しました。Movie Trailerを何度も繰り返し聞くことでスピードに慣れてきます。また、その背景を知ることにより、その国の歴史・文化を知る活動です。
①歴史的背景をまず理解させます。
　George Ⅵについて調べ学習を行い、その内容をオンラインでプレゼンテーションを行わせました。

②動画を見せました（字幕なし→字幕あり→動画の字幕に空所をつけ、その空所を補充させました）。

③気づいたことをオンラインでシェアさせました。

④本日のリスニングについての「気づき」を記録し、Google フォーム を活用して提出させました。

⑤生徒の提出物にコメントをつけ、返却しました。

実施してみて：

　毎回の配信の際に Google フォーム で授業の感想を書いて提出させていました。教師側も何を生徒が必要としているのかを理解し、様子を聞きながらの授業立案になりましたが、生徒もこの期間をよく理解し、活用できていたと思います。

　以下は、生徒のコメントより一部抜粋です。

・SPEECHのリスニングがとても楽しく、続けていけば必ず力になると思いました。自分1人でも今まで何とか頑張っていましたが、やはり学校の先生からの課題をこなすのは自習とはまた違って楽しく、ためになると感じました。有難うございました！

・オンライン授業が学校で受けている感じとあまり変化が無いので授業が受けやすい。

・オンライン授業がある生活にも慣れてきました。先生にメールで質問もできるので学習しやすいです。

● 作成した動画を用いたオンラインでの 一斉授業(理科)

木内葉子先生(理科)
（きうちようこ）

【対象】高校2年生 164名
【科目等】生物基礎
【使用アプリ】Google Classroom ／YouTube ／ Google Meet ／Google スライド

　休校期間中の生物基礎のオンライン授業では、Google Classroom と YouTube を活用した課題の配信を行いました。生徒の学習とコミュニケーションのツールとしての活用事例を紹介します。

① スライドにナレーションを吹き込んで動画を作成しました。1つの動画は7分程度です。

②①の動画を、YouTube 内に作成した授業用チャンネルにアップロードしておき、配信しました。

③生徒は Google Classroom で配信したURLをクリックし、G Suite for Education （以下、G Suite ）アカウントを用いて YouTube にログインして動画を視聴しました。

　動画は非公開設定にしており、G Suite アカウントでログインしないと視聴できません。

④1回の授業で3本程度の動画を視聴し、動画の内容を受けてレポートを作成させて、Google Classroom から提出させました。

Google Classroomでの課題一覧

YouTube で配信した動画の一覧画面

実施してみて：

　レポート課題は Google Classroom の機能を活用しあらかじめルーブリックを作成・提示して生徒に配信しました。生徒は評価項目を確認することができ、レポートでどのような点が求められているか理解することができます。授業者も提出の有無、期限が守られているかを一覧で確認でき、評価に役立てられました。また、電子データでレポートが提出されるため、レポートの内容を授業のスライドに引用しクラスで共有したり、内容の傾向を分析したりすることも容易でした。

　オンラインでの一斉授業では生徒個々の授業の理解の程度や遠隔授業に対応する学習環境が整っているかを個別に把握することが難しく、課題でした。第1回目の授業は動画視聴前に Google Meet を用いてクラス全員に対して説明を行いました。また動画視聴中も希望者とは Google Meet や Google Chat で会話ができるようにし、質問等を受け付けました。授業時間終了後は Google Classroom の公開限定コメントで質問を受け付けました。休校期間中であっても生徒と個別のやりとりができ、生徒と教員双方にとって遠隔授業に対する不安の解消につながりました。

　あらかじめ作成した動画を配信する形式での遠隔授業について生徒からは、理解できるまで動画を繰り返し視聴したり、メモを取るために一時停止させたりすることができる点がよかったとの声が聞かれました。

【対象】高校3年生選択者12名
【科目等】学校設定科目「生命論」
【使用アプリ】Google Classroom ／ Google フォーム ／Google Meet ／ブログ

● オンライン環境での生徒間の議論

森中敏行先生(理科)・木内葉子先生(理科)

本校では、高校3年生を対象に学校設定科目「生命論」を開講しています。

「生命論」の Google Classroom

Google フォームによる事前アンケート

「生命論」のブログ

この科目は、生命倫理を扱い、外部講師による講義と生徒間の議論で生命観の育成を目指しています。休校時に行ったオンラインによる生徒間の議論を紹介します。

① Google フォーム で作成した事前アンケートを Google Classroom に掲載し、授業までに回答してもらいました。その内容は、以下の想定に対して、自分の考えを回答するものです。

着床前遺伝子診断と胚選別 ←

想定　胚の遺伝的特性の診断技術が確立し、種々の疾患の発症に関わる遺伝子型の特定が可能となり、発症リスクの遺伝性の重い神経難病に苦しんでいる X 氏とその妻は、体外受精で作製した複数の胚から、着床前遺伝子診断により発症可能性のないものを選んで妻の子宮に着床させ、健康な子を得ようと考えている。←

「テキストブック　生命倫理 」霜田 求 (編集)　2018 より

② 授業は、Google Meet を使って、オンラインで行いました。はじめと終わりは全体で、途中の議論は2グループ（6名ずつ）に分かれて行いました。議論の内容は、上記の想定に対して、互いに自分の考えを述べて、質疑応答するものでした。

③ 授業後は、議論の内容をまとめて、生命論のブログに記載させました。コメントなどを活用して、授業時間外でも議論ができることを目的にしています。

実施してみて：

　オンラインで議論ができるのか不安でしたが、十分に可能であることがわかりました。人数が6名と少数であったこと、事前に議論の内容について課題を与えていたこと、さらに2名の教員が授業を担当しているため、それぞれのグループにファシリテーターとして入ることができたことなどが、うまくいった要因と考えています。

　生徒は、休校中に多くのオンライン授業を受けていたため、操作には慣れていたこと、また自宅からの参加であったため緊張することなく自分の考えを表現することができていました。生徒の感想には、生徒間や教員との距離が近くなったとの記述も多くみられました。

　一方、自宅の Wi-Fi 環境での参加であるため、画面がフリーズしたり、通信が遮断した場面も見られ、オンラインでの課題が浮き彫りになりました。授業を録画して、YouTube に限定公開し、生徒がいつでも見直せるなどの対応が必要だと思いました。

Wi-Fi環境やデバイスについて
教員は本校のWi-Fi環境を、生徒は自宅のWi-Fi環境を使用しました。また、生徒のデバイスは、ノートパソコン・タブレット・スマートフォンなどさまざまなものを利用していました。

【対象】高校全校生徒504名
【実施主体】健康人権教育部　生徒の健康状態の把握
【使用アプリ】Google Classroom ／ Google フォーム／Google スプレッドシート／Google ドライブ

● G Suiteを活用した健康観察の実践

万代玲奈先生（養護教諭）

　本校では、Google フォームのアンケートシステムを利用して健康観察を実施しています。

① Google フォームを利用してアンケートを作成しました。

②①のURLを Google Classroom に貼り付けて毎朝6時に課題として全生徒に送信しています。

③生徒は、そのURLにアクセスして自分の健康状態を回答し送信します。

④③の生徒の回答を一覧で確認できるように Google スプレッドシート を作成しました。Google スプレッドシート には送信順に更新されるので、並べ替えの手間を省き、回答を並べ替えなくても確認できるよう、名表にその回答が反映されるようにしました。また、確認は学年ごとになるので、Google フォーム、Google スプレッドシート は学年ごとに作成しました。

⑤朝8時半ごろになったら学年の先生方がその Google スプレッドシート を開き、未送信者・有症状の生徒の抽出、欠席確認等を行っています。

実施してみて：

　G Suite を活用することで、生徒の健康状態を把握するのが容易になり、全教員がドライブの共有フォルダを開くと一覧で生徒の日々の健康状態を確認できるのが利点だと考えます。実施した当初は、生徒たちもなかなか習慣づかず、提出率は3割ほどでしたが、休校期間が明け、学校が始まると、ほぼ全員が提出するようになり、先生方の指導もほとんどいらなくなってきています。今後は、G Suite を活用して保健行事のお知らせ等も行っていきたいと考えています。

Google Classroom に掲載したアンケート

Google フォーム によるアンケート

Google スプレッドシート（生徒の回答一覧）

Google スプレッドシート（クラス順）

PBL（課題解決学習）で取り組む Webデザイン

千代田区立九段中等教育学校●須藤祥代先生
（すどうさちよ）

●　「思考力・判断力・表現力」を実践的に身につける

　今回紹介する実践は、教科「情報」の「情報の科学」の授業での事例で高校1年で実施しています。この授業では、単元の基本的な「知識・技能」を学習後、「思考力・判断力・表現力」を実践的に身につけるために、PBL（課題解決学習）等の形式で「主体的に学習に向かう態度・人間性」を高める授業デザインをしています。授業では、ICTの仕組みなどの情報の科学的な理解をすることはもちろんのこと、情報活用の実践力としてICTを活用し、情報社会に参画する態度を養うためにより実社会に近い実習に取り組んでいます。

　この授業の一例として今回紹介するのは、Webデザインの授業です。Teamsを活用し、協働学習をPBLの形式で行っています。授業の主な流れは図1のとおりです。制作するテーマを「学問図鑑のWebサイトの制作」とし、具体的に何の学問にするかは、それぞれのチームで決めました。制作のプ

【対象】高校1年生
【科目等】情報の科学
【使用アプリ】Forms ／ Teams ／ Plannner ／ PowerPoint

Teamsを使って共同作業でコーディングまで実施。

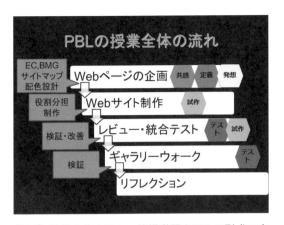

[図1] 授業の主な流れ。協働学習をPBLの形式で実施します。

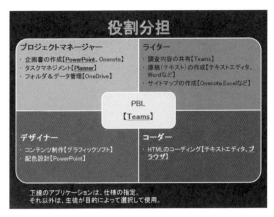

[図2] 役割に分けて、記事のライティングやWebページのコンテンツ制作、Webサイトのコーディング、企画書の統合を行います。

ロセスは、デザイン思考で行っています。企画書の作成は、グループ全員で行います。オンライン上のPowerPointのアプリを共同編集し、話し合いをしながら、それぞれ同時に編集することで、効率的に作成していました。ブレーンストーミングを行うときには、個々にどんどん書き込んでいき、後ほど体裁を整えていました。企画書を分担して作る場面では、それぞれ別のスライドを編集して、効率よく取り組んでいました。

● 主体的に学習に向かう授業デザイン

　企画書を作り、プロトタイプまで全員で取り組んだら、図2のように役割に分けて、記事のライティングやWebページのコンテンツ制作、Webサイトのコーディング、企画書の統合を行っています。PBLでは、生徒が自分のチームのタスクマネジメントをしています。役割ごとの作業になったら、図3のように、プロジェクトを管理する役割の生徒が、Plannerでタスクの割り振りとチーム全体のスケジュールマネジメントをします。グループの人たちは、タスクを見て、自分がいつまでに何をしたらいいのかを確認して、進めていきます。Plannerを使い、誰がいつまでに何をするのかについて可視化し、効率よく作業を進めていました。Plannerを使うことで、生徒同士のタスク管理が容易になったよう

企画書のブレーンストーミングから、サイトマップ設計、配色設定まで共同作業。

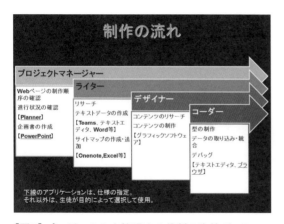

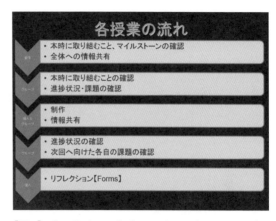

[図3] プロジェクトを管理する役割の生徒が、Plannerでタスクの割り振りとチーム全体のスケジュールマネジメント。

[図4] オンラインでもオフラインでもTeamsでデータや情報の共有をしたりして進めます。

です。

　生徒は、授業中に対面で会話をしながら仲間の様子を確認したり、オンラインでもオフラインでもTeamsでデータや情報の共有をしたりして進めていました。毎回の授業の流れは、図4のとおりです。Webサイトの制作はチームでレビューをしながら、デバッグやブラッシュアップをしていました。制作終了後には、統合テストとしてギャラリーウォークで制作者と会

Webサイトの制作風景。

話をしながら、各グループの企画書とWebサイトを両方見ながら、情報交換をしてシェアをしました。シェアで他者から作品やこれまでの取り組みへのフィードバックをもらい、一連の学びを振り返るためにFormsでリフレクションを行いました。なお毎回の授業についても、Formsでリフレクションを送り、自分の学びを振り返ることでポートフォリオのように取り組んでいます。

　PBLの形式で学習しているときは、生徒が自発的に学習する姿がよく見受けられます。授業で実際に会う時に向けて、各自がTeams上で自分ができることを考え、主体的に進めていました。例えば、作成するWebサイトの情報のリサーチは、参考になるWebサイトのURLのリストを作成し、授業前にアップロードしていました。他にも、コンテンツ制作やライティングして、データをOneDriveにアップロードして共有できるように置いたりするな

OneNoteを使って話し合いのメモを共有。

ギャラリーウォークの様子。

ど、一堂に集まって会話ができる授業に向けて各自で作業を進めていました。授業では、それぞれが作ったものを統合してテストをしたり、メンバー全体で話し合いが必要な部分に関しては対面で話して調整していくなど、オンラインとオフラインをうまく使い分けていました。

Office 365にはさまざまなアプリがあるため、生徒は目的に応じてツールを選んで活用しています。図2のように、Teamsを中心として、こちらから指定したPowerPointなどのフォーマットがあれば指定されたアプリを使ってオンライン共有をしながら進め、特に指定がないものは必要があれば自分達で選んでOneNote等を使って話し合いのメモを共有していました。デジタルネイティブな生徒たちは順応が早いです。Teamsを導入する前は協働学習での対面の会話が減り、意思の疎通が難しくなり、PBLが円滑に進まなくなるのではないかと考えました。しかしそんなことはなく、むしろ作業の進行も情報の共有も状況理解もスムーズになり、作品のクオリティが上がりました。

Teamsを活用することで、生徒達はデバイスに関係なく学習できます。生徒は、授業中には学校のコンピュータで取り組み、自宅では家のコンピュータやスマートフォンなどを使って学習に取り組むことができました。Office 365を活用することで、授業中だけでなく、授業前後も含めた授業デザインができるようになりました。授業を統合的にデザインするのにTeamsは有効です。授業では、個人の学習と協働学習の両方の学びを組み合わせながら進みます。Teamsではその両方の要素を1つのツールでスムーズに取り組ませることができます。また、ポートフォリオのように後で見返したり、個々にフィードバックをしたり、他の人の学びが刺激になったりと、客観的に自

分自身の学びを振り返ることができます。Teamsはオンラインのみでも対面でも両方使えます。今回の事例は、対面で行った事例ですが、このようなPBLは、オンラインのみでも可能だとも感じました。

　同様のPBLは、データサイエンスの単元のアンケート実習でも実施しています。PBLの授業の形態では、生徒が自発的に学ぶ授業デザインができます。PBLの協働学習では、授業中および授業外でも、Office 365を活用して学びを主体的に行う場面が見られました。授業中にいかに学びを対話的に深めるかの仕組みを考え、そのための準備や予習、復習をオンライン上で各自が進めることで、他者にも刺激を与え、相乗効果で学習が深まり、加速していました。

　一方で、対面だからこそ互いの様子を感じることができることも大事です。Teamsは協働学習だけでなく、一連の学習のデザインを統合してできるので、シームレスにオンラインでのコミュニケーションや協同作業をしつつ、個人の振り返りなども、1つのプラットフォームの中で行えます。また、授業の流れに沿って必要なコンテンツをTeams上で用意し学習をスムーズに進めることができます。毎回の授業の振り返りや、PBLなどの実践的な学習の前に学ぶ知識や技能などの個人で取り組む課題については、課題を使って個人の取り組み状況を把握したり、フィードバックを返したりすることができます。そのため、アダプティブラーニングで学習することができ、生徒が何か質問があれば、個別にチャットで質問するなどして、学びを深めることができ、より個々に対応した学習や見取りもしやすくなりました。

　オンライン学習で大切なのは授業デザインをどうするかです。オンラインで学び合うことができる環境だけ作っても、なかなか学びは深まりません。生徒に何を学ばせたいのか、そのためにどんなコンテンツを組み合わせ、どんな流れで学習するのかの一連のカリキュラムや個々の授業をデザインして、教員がファシリテートすることで、学びがさらに深まると感じています。

オンラインだからこそできる「日常」や「社会」との連携

新渡戸文化小中学校・高等学校●**奥津憲人先生** (ラーニングテクノロジーデザイナー)

● 本校の状況と目指すビジョン

[図1] Happiness Creator
「Happiness Creator」の理念のもと、「自律的学習者の養成」を目指しています。そのためにも、「すべての主語を生徒に」をキーワードにして学校運営を行っています。

　本校では2020年度4月の当初からオンライン授業を実施しています。小中高の校種によってタブレット所持の状況が異なるため、細かい運用方法には差がありますが、同じコンセプトで休校期間における授業を実施してきました。本校は目指す生徒像に「Happiness Creator」というビジョンを掲げ、そのために自律型学習者の育成を目指しています。そのビジョンのもと、各校ではさまざまな取り組みを行っています。オンラインの利点は何よりも「距離や時間を超えた出会い」ができること。それはすなわち、教室内だけではできなかったものと授業とを結びつけることができ、新たな授業の可能性を拓いたことを意味します。ここでは、オンラインの利点を活かした「Happiness Creator」につながる自律型学習者の育成を目指す授業について紹介します。

　なお、本校ではオンライン授業のサービスとしてZoomを、双方向ツール

としてGoogle Classroomとロイロノート・スクールを主に利用しています。また、生徒の持つ端末は、中学校では1人1台のiPadとなっていますが、小学校と高等学校においては完全BYOD（一人一人異なる端末）での運用を行っています。教員は自宅でも配信を行っているため、さまざまな端末から授業を行っています。

● <u>小学校での取り組み「セカイチオンライン」</u>

【対象】小学校全学年、希望生徒対象（人数制限なし）
【科目等】教科横断型（オンライン特別授業）

　小学校では1人1台の端末、全員一斉に同期できる状況の整備が難しかったため、特別授業という形で実施しました。セカイチオンラインとは「世界一受けたいオンライン特別授業」という意味で、「今だからこそ、オンラインだからこそできる授業」というコンセプトでさまざまな業界、場所にいる人とつながり、対話をする授業です。4月に始まり、6月までに延べ20名以上の方にご協力いただき、さまざまなテーマで授業を行いました。その中には海外を活動の拠点とする方や、現役のナレーターやダンサーなどの表現を専門とする方などもおり、普段は接することができない業界や地域の方と交流をすることができました。

　対話はZoomによって行い、基本的なファシリテーションは教員が行います。生徒はチャットや音声で質問をしながら、さまざまな考え方に触れることができました。フラワー・グリーン・スタイリストとの対話では家で育てている植物を紹介し合うなど、オンラインならではの交流もありました。それぞれのプロフェッショナルからのメッセージは生徒の心に強く残っているようで、「夢をもつのに大切なことを教えてもらった」「今を楽しんで生きることが大事だと思った」「世界に興味を持ち、世界地図を貼ってよく眺めている」とい

[図2]セカイチオンライン
オンライン期間は「学内専用サイト」を作成し、そこですべての連絡を行いました。各家庭で端末や使用できる環境が異なるため、Zoomによる一斉授業は行いませんでした。

[図3]授業の様子
対話の際はビデオを表示する生徒が多く、お互いに安心感がありました。

うような感想がありました。6月時点で通常登校が始まりましたが、時間と場所を越えてつながるこのしくみは引き続き活用できるため、今後も継続していく予定です。

【対象】中学校全学年合同授業（50名）
【科目等】教科横断型授業（総合的な探究の時間等）

[図4] Happiness Bridge のロゴ
授業を受けた中学生が作成したロゴ。さまざまな大人との対話が、「架け橋」のように人をつなぎ、学びが広がっていく様子が表現されています（未完成品。今後プロのデザイナーと連携予定）。

● 中学校での取り組み① 「Happiness Bridge」

　本校では「卒業までに授業で100人の大人と出会う」という方針のもと、「さまざまな人と出会い、対話する」ことで価値観や視野を広げると同時に生徒一人一人のロールモデルを見つけることを目指した授業「Happiness Bridge(本校生徒が命名)」を行っています。この授業では、さまざまな業界の社会人や大学生と生徒を1対1～2人でブレイクアウトルームに分け、20分程度の対話をします。テーマは「お互いの困っていること」「大人が生徒から学ぶ」などで、大人と子供が対等であることを大切にしています。その中でお互いの経験や悩み、未来への希望を共有し、大人と子供が対等に未来を作っていくことを目指しています。参加する大人は、教員の個人的なつながりがある方で、4月から始まり、6月時点で延べ150名以上の方にご協力いただきました。対話では、生徒が自己紹介用のスライドを共有したり、探究活動で調べていることについて写真などを見せながら説明したりと、ブレイクアウトルームの中でiPadを存分に活用して対話を行いました。

　授業の際には、本校の方針である「Happiness Creator」の考え方を、大人も生徒も共有しました。生徒には「対話した相手も不安かもしれない」「どういう工夫をしたら相手も幸せな対話になるか」ということを繰り返し伝えたり、振り返りによるメタ認知と、その振り返りを生徒同士で共有したりすることで、「初めて出会う人と対話する」ことで生まれる学びについて気付けるようにプログラムしました。また、大人には「上手く対話できていなくても待つ」ことと、「対等に、同じように悩みを共有してほしい」ということを伝えました。

　実施した結果、はじめは初めて出会う大人との対話には抵抗がある生徒もいましたが、回を重ねるごとに生徒には「ワクワク」の気持ちが強く表れるようになり、次第に「こんなことを聞いてみたい」「自分の考えを伝えたい」という気持ちが生まれるようになってきました。また、「他者に目を向けるようになった」「人と話すことで、考える視野が広がった」というメタ認知につながる気づきや、「未来が楽しみ

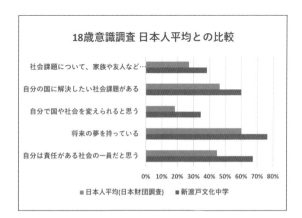

[図5] 18歳意識調査 日本人平均との比較
公益財団法人日本財団が2019年に行った第20回18歳意識調査と同じ質問項目を、新渡戸文化中学校の生徒にアンケートをとりました。

になった」「どの仕事もハピネスクリエーター」「対話ってすごい」というような
ポジティブな振り返りも多くみられました。

　この授業を数回行った後に、日本財団が行っている18歳意識調査と同様
の質問項目でアンケートをとった結果、自己肯定感や自己効力感、社会へ
の意識が軒並み日本人平均よりも高い水準に保たれていることがわかりまし
た[図5]。

● 中学校での取り組み②「身近な野菜を分類する」

【対象】中学校1年生26名
【科目等】理科（中学1年生物分野）単元：植物の仲間分け

　中学1年理科の単元である「植物の仲間分け」では、コケ植物・シダ植物・
被子植物・裸子植物の分類を学習します。この分野の実習として「冷蔵庫
の中にある植物由来のものを持ってきて、分類をしてみよう」という授業を
実施しました。授業時には簡単な分類だけ伝え、細かい分類のポイントは
伝えずに各自で調べ、根拠をもって分類をするためのワークシート（ロイロ
ノート・スクールで作成）を埋める形で行いました。

　初回はなかなか分類できない生徒もいましたが、複数回のブレイクアウト
ルームのセッション（2〜3人）で共有の時間を取り、「何をもって分類するか」
を生徒同士で教え合うことで、「種子の有無」「葉脈」「根の構造」などのポイ
ントを理解することができました。また、菌類であるキノコを持ってきた生
徒もおり、植物ではないことに驚いている生徒も多くいました。日々口にす
る野菜は特殊化したものも多く、その全体の形や分類を知ることで、生徒
は日常と理科の関連について考えているようでした。

　また、「自身の生活空間のものを教材とする」ということは、自宅から授業
を受けているオンライン授業でしか行えません。筆者は「理科は生活と結び
つく科学のひとつ」と考えていて、その点でも
このような家庭でできる実践のメリットは大
きいのです。その他にも、ヨウ素入りのうが
い薬を使ってヨウ素でんぷん反応を確認した
り、ベーキングパウダーを使って炭酸水素ナ
トリウムの熱分解を確認したりするなど、家
庭でできる実験は多くあるため、オンライン
授業でも積極的に実験を取り入れていきたい
と考えます。

　Zoomのブレイクアウトルームはこういっ
た「共有」には極めて有効であり、少人数にす
ることで集中した対話を行うことができます。
ただし、対話の具体的な中身は生徒に依存
し、「ビデオオフ・ミュート」にして対話が進ま

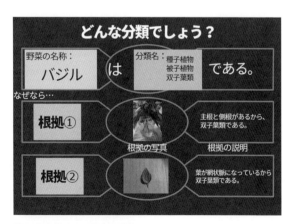

[図6]冷蔵庫の野菜の分類
分類の根拠は、その場で撮影するか、インターネットで
の検索で画像を探してもよい、としています。

ない、ということも生じるため、生徒のモチベーションを高めたり、相手にとっても貴重な学びの時間であるというマインドセットを丁寧に行ったりする必要があります。

【対象】高校1年生全体（49名）
【科目等】教科横断型授業（総合的な探究の時間等）

● 高等学校での取り組み①「畑や田んぼからの現場授業」

　高等学校では、実社会と接続した授業を実施（クロスカリキュラムと命名）し、その授業の1つには、オンラインを手段に「現地からの中継授業」を実践しています。都内で一次産業をしている方にご協力をいただいて畑や田んぼからの中継授業を行ったり、三重県で真鯛の養殖に従事する方とリアルタイムで対話をする時間を設けたりと、現地との実際の交流を行いました。授業では、食に関する未来、日本の一次産業の未来、コロナ状況下における現状などを話題にし、時流も関わるライブ感と臨場感のある授業となっています。前半は教員と現地の方々とのトークショー形式ですが、後半は全て生徒の質問と大人からの回答で対話を進めました。大人が話している最中もチャットを使って生徒からの質問が来るなど、生徒は活発に授業に取り組んでいました。また、リアルタイムに現地の方々と交流をしたことで、疑似的な修学旅行のように本物と接することができました。

　このような「現地との中継授業」は生徒のモチベーションを高めているようで、休校期間が終了した後に実際に畑作業や田植えを実施したいという生徒がいました。それらの活動に参加した生徒は、実際に田植えをして、里山の環境を守りたい、親に今日の学びを伝えたい（行動したい）、テクノロジーを活用した農法を調べてみたい、今度はデザイン関係の仕事をしている人の話を聞きたいなど、「もっと知りたい、もっと学びたい、行動したい」が引き出せたのです。

　今後、新型コロナウイルス感染症により遠距離での移動が難しくなっている状況において、このような取り組みは修学旅行に代わるものとして位置付けることも考えられます。実際に、「オンラインスタディー

[図7]中継をしている様子
都内の畑からの中継を行いました。事前に訪問し、電波状況を確認する必要があります。

ツアー」として海外在住の方々と連携して現地のことを学ぶ機会も検討中です。

（報告者 新渡戸文化高等学校 統括校長補佐 山藤旅聞(さんとうりょぶん)先生）

● 高等学校での取り組み②「自宅で酵素実験」

【対象】高校2年生 クッキングコース（11名）
【科目等】生物基礎

　高等学校の生物基礎では、専用の器具を用いた実験があり、そのような実験は理科室でなければ実施することができません。一方、体内で起きている現象や、身近な素材を用いた実験であれば、家庭でも十分に実施が可能です。以下に準備物と手順を示します。なお、考察の判断材料として手順書には「事前知識」が書かれています。

【準備物】
①酸素系の衣類用漂白剤または、オキシドール
②生の食品（動物でも植物でも菌類でも）
③加熱した食品（動物でも植物でも菌類でも）
④小さくした消しゴム
⑤コップや容器3つ

【手順】　※可能な限り、「ビデオオン」で実際に実験してみよう！
①酸素系の漂白剤、オキシドールをコップに入れる
②それぞれのコップに生の食品、加熱した食品、小さく切った食品を入れる
③変化をみる

【前提知識】
・酸素系漂白剤やオキシドールは、生体内で生じる「過酸化水素」と呼ばれる活性酸素（毒性の高い酸素の状態）の一種が主成分である。
・生体内で生じる活性酸素（呼吸の過程で生じる）は、生物にとって有害であるため、直ちに分解されていくはずである。

　授業では、上記の手順書を渡し、Zoomを用いて実験の様子を中継しました。また、準備ができた生徒に関しては自宅で実験を同様に実施するように伝えました。実際に自宅で実験をした生徒もおり、特に問題なく実験結果を得ることができました。演示が終わった後は、ブレイクアウトルームを2〜3人で開き、考察を行います。また、その対話の結果はチャットを使って共有しました。
　実験では未加熱の食品からは泡が出る（過酸化水素の分解反応あった）が、加熱食品からは泡が出ず、実験室と同様な反応が確認できました。また、

演示をした段階では「生きているから」という考察がありましたが、大根おろしを作ってさらにそれをすり鉢でつぶし、同様に実験を行っても泡が生じたため、「加熱によって分解させる何らかの物質が壊れた」という正しい結論に至ることができていました。また、お酢やせっけん水を使うことでpHを変化させる実験も実施が可能です。

● まとめ

　以上のように、Zoomを用いることで、従来行っていた授業は十分に実施可能であり、さらに広く、さまざまな「社会」や「日常」と連携することができました。特に、ブレイクアウトルームのセッションによる対話は、少人数で集中することができるため、利点が大きいと言えます［図8］。オンライン授業には限界もありますが、同様にオンライン授業にしかないメリットも多くあります。Zoomを「どこでもドア」のように使い、時間的にも距離的にも普段は招くことができない人と一緒に授業するなど、オンライン授業はオンラインのメリットを十分に活かしたデザインをし、対面授業との差別化をすることで両方の良さが引き出せるでしょう。今後もオンライン対面を「併用」した形で新しいハイブリッド授業を展開していきたいと考えています。

＜Zoomを用いた授業のポイント＞
＋どんな場所でも、距離を気にせずにつながることができる
＋自宅から授業を受けるため、日常とつながりやすい
＋ブレークアウトセッションで学習と対話がシームレスに

［図8］Zoomを用いた授業のポイント

**アプリ／
サービス一覧**

実践事例集に登場した主なアプリやサービスと、関連する情報について、ご紹介します。
表右側の機能分類は、ジャムハウス編集部独自の見解です。

G Suite for Education（グーグル）関連のアプリ／サービス

アプリ／サービス名	主な機能	教材制作・共有	コミュニケーション	学習管理・成績管理
Google Classroom	オンラインで課題の作成から配布、進捗の把握、フィードバック、成績管理まで、生徒とのコミュニケーションや学習管理をサポートする協働学習支援ツール。	○	○	○
Google Meet	離れた場所にいる教師・生徒同士をつなぐビデオ通話アプリ。G Suite for Education では、無料で最大100名までの同時参加が可能。		○	
Google ドキュメント	文書や資料を作成できるアプリ。最大100名での同時編集も可能。Microsoft Officeファイルとの互換性がある。	○	○	
Google スプレッドシート	表計算アプリ。数値データの集計や分析などを行う。最大100名での同時編集も可能。Microsoft Officeファイルとの互換性がある。	○	○	
Google スライド	プレゼンテーションアプリ。プレゼンテーション用の資料やグラフ、表などをスライド形式で作成できる。最大100名での同時編集も可能。Microsoft Officeファイルとの互換性がある。	○	○	
Google ドライブ	クラウドストレージ。複数のデバイスでファイル共有やファイルのバックアップができる。G Suite for Education では容量無制限で利用できる。	○		
Gmail	電子メールの作成や送受信を行うメールアプリ。容量無制限。独自ドメインの利用が可能。		○	
Google フォーム	アンケートやテストを作成・回収し、自動集計・分析できるアプリ。Google スプレッドシート へのエクスポート機能もある。	○	○	○
Google カレンダー	予定の作成・共有ができるスケジュール管理アプリ。教室や備品の使用予約などにも利用できる。		○	○
Google Keep	Web上で作成・共有できるデジタルメモアプリ。画像や図形描画の挿入、手書き文字の入力にも対応する。	○	○	
Google Chrome	インターネットブラウザアプリ。PC版ではさまざまな機能拡張ができ、カスタマイズが可能。	○		
Google サイト	専門的な知識がなくてもWebサイトを作成・共有できるアプリ。	○	○	○
Google Chat	会話のトピックごとにチャットルームを作成してコミュニケーションができるチャットアプリ。		○	
Jamboard	教室のホワイトボードと同じ感覚で使えるホワイトボードアプリ。テキスト以外にも、ふせんや図形、画像、手書き文字などを入力できる。	○	○	

アプリ／サービス名	主な機能	教材制作・共有	コミュニケーション	学習管理・成績管理
Tasks	To Do リストを作成・管理できるアプリ。Gmailと連携してタスクを作成する機能も持つ。			○
Google Groups	メーリングリストやトピックごとにWebフォーラムが作成できるアプリ。		○	
動作環境	Windows、MacなどのPC端末、iPad、Androidのタブレット端末、学習端末 Chromebook など。マルチOS、マルチプラットフォームの環境で利用可能。インターネット接続環境が必要となる。			
料金とシステム	幼稚園、小中高校、高等教育機関など、利用資格を有するすべての教育機関で、無料のアカウントを作成可能。はじめに教育機関用のアカウントの登録申請を行い、承認を受ける必要がある。審査に通れば、すべてのツールを無料で利用できる。より多くの機能を利用できる有料のEnterprise エディションもある。			

Microsoft Office 365 Education
(マイクロソフト)関連のアプリ／サービス

アプリ／サービス名	主な機能	教材制作・共有	コミュニケーション	学習管理・成績管理
Microsoft Teams	授業で使えるツールをまとめたクラウドサービス。チャット、オンライン授業、ファイル共有、協働編集、デジタルノート管理、小テスト・アンケート、課題の提出・採点などの機能が利用できる。		○	○
Microsoft Word	文書や資料を作成できるアプリ。複数人での協働編集もできる。	○	○	
Microsoft Excel	表計算アプリ。数値データの集計や分析などを行う。複数人での協働編集もできる。	○	○	
Microsoft PowerPoint	プレゼンテーションアプリ。プレゼンテーション用の資料やグラフ、表などをスライド形式で作成できる。複数人での協働編集もできる。	○	○	
Microsoft Forms	アンケートや小テストを作成できる。回答の即時集計機能やExcelへのエクスポート機能もある。	○	○	○
Microsoft Planner	タスク管理アプリ。プランの作成、タスクの整理や割り当て、ファイルの共有、進捗状況の更新などができる。			○
Microsoft Outlook	電子メールの作成や送受信を行うメールアプリ。		○	
Microsoft OneDrive	クラウドストレージ。複数のデバイスでファイル共有やファイルのバックアップができる。容量無制限。	○		
Microsoft OneNote	クラウドに保存できるデジタルノートアプリ。テキストや手書き文字、画像、図形、表、録音、録画など、さまざまな情報をまとめることができる。複数で協働編集、閲覧も可能。	○		

アプリ／サービス名	主な機能	教材制作・共有	コミュニケーション	学習管理・成績管理
Microsoft SharePoint	チーム内でのファイル共有や協働作業、コミュニケーションができるアプリ。	○		○
Microsoft Stream	動画共有サービス。教材動画や発表動画をアップロードして、視聴・共有できる。	○	○	
動作環境	Chromebook、iPad、Windows PC などのパソコンや、iPhone、Android などのスマホから、マルチOS、マルチプラットフォームの環境で利用可能。Word、Excel、PowerPoint、OneNote などオフラインでも利用できる。			
料金とシステム	教育機関は Office 365 A1のサービスを無償で利用できる。Web から利用申請を行い、教育機関であることの確認がされると「テナント」と呼ばれる Office 365 の環境が取得できる。教員や児童生徒など利用者ごとにアカウントを発行してサービスを利用開始できる。機能やセキュリティを追加した有料の利用プラン Office 365 A3、Office 365 A5 もある。			

Zoom（Zoom Video Communications）関連の アプリ／サービス

アプリ／サービス名	主な機能	教材制作・共有	コミュニケーション	学習管理・成績管理
Zoomミーティング	ビデオ会議アプリ。画面共有機能により、資料を見せながらのオンライン授業にも対応。主催者がIDとパスワードを発行すれば、アカウントを持たないユーザーも参加できる。無料版は、100名まで同時接続が可能。		○	
動作環境	Windows、MacなどのPC端末、iPad、Androidのタブレット端末など。マルチOS、マルチプラットフォームの環境で利用可能。PCではブラウザーまたは専用アプリ、スマートフォンやタブレットでは専用アプリを使用する。インターネット接続環境が必要となる。			
料金とシステム	無料プランで基本的な機能は利用可能。3人以上で利用する場合は40分までの時間制限がある。有料プランでは、利用時間の制限がなく、同時接続人数を300人、1000人などに増やすことができる。			

その他、本書中に登場したアプリ／サービス

アプリ／サービス名	主な機能	教材制作・共有	コミュニケーション	学習管理・成績管理
ロイロノート・スクール（LoiLo）	ビデオ会議アプリ。画面共有機能により、資料を見せながらのオンライン授業にも対応。主催者がIDとパスワードを発行すれば、アカウントを持たないユーザーも参加できる。無料版は、100名まで同時接続が可能。	○		
Classi（Classi）	成績や部活動など学校生活におけるポートフォリオの蓄積、学校と保護者間のコミュニケーションツールなどで活用。		○	○
Qubena（Compass）	児童・生徒の習熟度に応じて最適な問題を出題するアダプティブラーニング教材。	○		

おわりに

　原稿の筆を置く頃、いつもながら感慨が生じてきます。出版とは、どこか自分の子供を世に送り出すようなもので、玄関で子供の巣立ちを見送るような心境になります。私が大学にいた時に、よく大学院生に言っていたことを思い出します。論文を書いて提出するときには、きちんと晴着を着せて世に送り出すのだ、決して汚れたシミなどを着けてはいけない、と戒めていました。

　論文提出や研究発表の準備では、どの研究室でも同じだと思いますが、私の研究室では博士課程の学生と私が一緒に見て聞いて、指導します。不思議なのですが、指摘することは、ほぼ同じ箇所なのです。同じ釜の飯を食う、と言われますが、この古い言葉は現在でも生きているような気がします。ここはおかしい、ここは面白い、という感じ方が同じになるのですが、それを言語化して伝えることは難しく、以心伝心という方法しかないのです。あれは面白いね、など、周囲の人には、たぶん隠語で会話しているように聞こえると思います。面白さを共有できたら、お互いが本物に近づいています。その面白さを共有するまでに永い時間がかかるので、私も厳しい指導教員だと言われていたようです。

　永い時間がかかるとは、その分野だけに通用するだけで、専門外になれば、また永い時間がかかるのです。私も、正直なことを言えば、小学校と中学校は経験がなかったので、どうしても本質的なことが分かりませんでした。それが劣等感だったので、なんとか面白さを共有したいと自分なりに努力したつもりですが、壁は厚いと感じています。しかし、コロナ禍の中で、自分がオンライン学習を、大学生ではなく小学生に実践して、初めてその難しさと面白さを感じたような気がします。コロナ禍が、私にそのようなチャンスを与えてくれたのです。

　その目で、本書に掲載された実践を読むと、このコロナ禍の中で、よく、ここまでオンライン授業を展開しているか、とその素晴らしさと共に敬服しました。私は、実践が見えるようになりたいと願って、国の研究助成である科学研究助成金に応募して、採択されました。本書は、その意味で、私の研究活動の1つとしての価値もあるのです。私が指導した大学院生

の多くは、現在は大学教員になっていますが、彼らは面白さを共有できるでしょうか。しかし本書は、研究者もさることながら、多くの小中高校の先生方と面白さを共有することに、目的があります。

　本書の刊行にあたり、多くの人の協力がありました。ベネッセ教育総合研究所とNPO教育テスト研究センターの、小村俊平さん、新井健一さん、宮和樹さん、芦野恒輔さん、住谷徹さんとは、調査研究で一緒に活動させていただきました。本当にありがとうございました。

　本書では、先に述べた様に、優れた実践報告をしていただきました9校の先生方に厚くお礼申し上げます。本当にありがとうございました。さらに、その学校を推薦していただきました、以下の皆様に感謝申し上げます。

　日本マイクロソフト(株)の中井陽子さん、佐藤正浩さん、石山将さん、ZVC Japan(株)(Zoom社)の島方敏さん、菊池元さん、Google for Education の小出泰久さん、碓井梨恵さん、上原玲さん、の皆さまです。心から感謝します。ありがとうございました。

　身内で恐縮ですが、私の家族でオンライン学習に協力してくれた、子供たちや孫たちに、深く感謝いたします。

　「はじめに」でも述べましたが、(株)ジャムハウスの池田利夫さんと編集部の皆様には、出版に向けてご尽力をいただき、感謝に堪えません。本書が日の目を見るのは、皆様のお陰です。

　最後に、本書は私の研究活動の一環でもあり、国の研究助成でもある、科学研究助成(基盤研究(C)(一般)20K03171、代表、赤堀侃司)の支援を受けたことを明記して、厚くお礼申し上げます。

赤堀侃司

著・監修者紹介

赤堀侃司（あかほりかんじ）

東京工業大学大学院修了後、静岡県高等学校教諭、東京学芸大学講師・助教授、東京工業大学助教授・教授、白鷗大学教授・教育学部長を経て、現在、(一社)ICT CONNECT 21会長、(一社)日本教育情報化振興会名誉会長、東京工業大学名誉教授、工学博士など。専門は、教育工学。最近の主な著書は、『プログラミング教育の考え方とすぐに使える教材集』（ジャムハウス、2018）、『AI時代を生きる子どもたちの資質・能力』（ジャムハウス、2019）など。

● 万一、乱丁・落丁本などの不良がございましたら、お手数ですが株式会社ジャムハウスまでご返送ください。送料は弊社負担でお取り替えいたします。
● 本書の内容に関する感想、お問い合わせは、下記のメールアドレスあるいはFAX番号あてにお願いいたします。電話によるお問い合わせには、応じかねます。
メールアドレス◆mail@jam-house.co.jp　FAX番号◆03-6277-0581

**オンライン学習・授業の
デザインと実践**
2020年9月1日　初版第1刷発行

著・監修者	赤堀侃司
発行人	池田利夫
発行所	株式会社ジャムハウス
	〒170-0004　東京都豊島区北大塚 2-3-12
	ライオンズマンション大塚角萬 302 号室
カバー・本文デザイン	船田久美子（ジャムハウス）
DTP・印刷・製本	株式会社厚徳社

ISBN 978-4-906768-84-4
定価はカバーに明記してあります。
©2020
Kanji Akahori
Printed in Japan